미레나를 넣어봤더니

윤준가 지음

말랑

차례

프롤로그　아파서, 너무 아파서　4

1부　여성의 몸으로 태어나서

미레나가 뭐야?　10
　루프 중 하나인 미레나
　미레나, 제이디스, 카일리나 중 무엇을?
　미레나를 넣으려면

월경통과 나의 역사　16
　나의 벗이자 적, 진통제
　할 수 있는 모든 것을 다하고 겸허히 받아들이는 통증

나의 월경대 변천사　21
　약국에서 월경대 사던 시절
　면월경대와 월경컵을 소개받은 날
　면월경대 10년
　탐폰은 징검다리
　월경컵이라는 신세계

더 다양한 선택지가 필요해　43

2부 이렇게 미레나를 넣었습니다

자궁에 미레나 넣기   50
  상담: 귀를 뚫는 것과 같아요
  시술: 기절하는 사람도 있다는데
미레나를 넣은 뒤 일어나는 일들   58
  첫 5일 : 이거 할 만하네
  3개월 : 통증과 출혈이 함께할 것이다
  3개월~6개월 : 희망과 절망 사이에서
  이벤트 발생 : 코로나19 백신 접종
미레나와 변한 나   72

부록 미레나 시술, 이것이 궁금하다!   75
에필로그 어느 불효녀의 사정   81
참고자료   86

프롤로그

아파서, 너무 아파서

지난 설 연휴였다. 다행인지 불행인지 명절 당일에 딱 월경이 겹쳤다. 나는 월경을 시작할 때 갈색 피가 하루 이틀 조금씩 비치다가 곧 본격적으로 붉은 피가 나오면서 월경통을 겪는다. 피가 많이 나올수록 월경통도 심해지는데 일상생활이 어려운 정도다. 약을 먹고 침대에 누워 온수 주머니를 배에 댄 채 끙끙거리며 엄마한테 전화를 걸었다. "엄마, 나 월경통 때문에 명절 인사 못 가겠어. 그냥 집에 쉴게요." 일단 엄마는 쉬라고 하고 전화를 끊었는데 그날 이후 엄마와 이모가 번갈아 내게 전화를 해서는 미리 짜기라도 한 듯 루프를 추천했다.

"야, 그거 나도 옛날에 다 해봤는데, 진짜 별거

아냐. 그냥 넣으면 끝이야."

"아니 나는 자궁에 넣는 거니까 좀 무서워서…."

"무섭긴 뭐가 무서워. 아무렇지도 않던데?"

안 그래도 이미 몇 년 동안이나 미레나 삽입을 고민해 오던 차였다. 가족들의 추천도 있겠다, 떡 본 김에 제사 지낸다고 그 월경주기가 끝날 무렵 다니던 산부인과에 가서 미레나 시술을 알아보았다.

미레나는 자궁 삽입형 피임 기구이지만 나는 월경통 경감 목적으로 미레나를 넣었다. 정자를 가진 인간과 섹스를 하지 않은 지 벌써 수년이나 되었기 때문에 피임에는 전혀 신경 쓰지 않고 있다. 만약 월경통도 줄이고 피임도 하려는 여성이 있다면 미레나는 그야말로 일석이조의 좋은 선택지가 될 것이다. 꼬박꼬박 피임약을 챙겨 먹는 것은 너무 번거롭고 까먹기도 쉬울뿐더러 흡연을 하는 35세 이상의 여성이라면 혈전 위험성이 높아 피임약을 먹을 수 없다. 나는 이 사실을 매우 최근에 알게 되었는데, 피임약을 먹은 게 너무 오래전이라 신경을 못 쓴 것도 있겠지만 처방받은 피임약을 먹을 때도 의사나 약사에게서 한 번도 그런 복약지도를 받지 못했기 때문이다. 내 주변에는 35세 이상이며 흡연을 하는 여성이 여럿 있고 그러면 이 모든 친구들이 피임약을 먹지 못한다는 건데, 왜 그동안 나는 이렇게 상식적인 주의사항을 알지 못했는지 놀라웁다. 피임약이 피임에만 쓰이는 것도 아니다. 월경주기 조절이나 부정출혈 치료 등 다양한 자궁 관련 증상 조절에 두루 쓰인다. 혹시 나만 모르고 다른 사람은 다 알고 있던 걸까 싶어서 트위터에 썼더니 리트윗이 꽤 많이 되고, 전혀 몰랐다는 메시지가 여럿 도착했다. 그래 자꾸 이런 식이다. 여성만이 겪는 신체적·의료적 문제는 이상하리만치 널리 알려지지 않는다.

미레나를 포함한 각종 루프에 대해서도 그렇다. 내가 미레나를 알게 된 건 벌써 10년 전이지만 그동안 겁을 먹고 있었다. 인터넷을 찾아봐도 정확한 정보를 알기가 힘들고 사람마다 부작용이 다르다고 하니 결심하기까지 시간이 오래 걸렸다. 주변에 그걸 넣었다는 사람을 보기 힘들었을 뿐 아니라 먼저 자기의 경험을 이야기하는 이도 전혀 없었다. 최근 엄마와 이모가 내게 루프를 추천한 것도 하필이면 명절에 아파 가족 모임을 깼기 때문이다. 아마 그 명절이 아니었으면 엄마와 이모의 루프 경험을 계속 몰랐겠지. 알 수 없는 것, 손에 잡히지 않는 것, 예측되지 않는 미지의 것에는 으레 불확실의 공포가 뒤따르고 이는 곧 나를 속박하는 장치였다.

나는 왜 이 글을 쓰는가? 어찌 보면 부끄럽고, 혹자는 남우세스럽다고 할 만한 나의 생식기 사정에 관해 왜 자세히 기록할 마음을 먹었는가? 이 글로 인해 한 명이라도 더 많은 여성이 미레나에 대해, 각종 피임 방식과 월경 도구에 대해 알게 된다면 미지에 대한 공포는 한결 덜할 것이다. 내 몸으로 겪어낸 정보가 나로 끝나지 않고 다른 여성의 삶에 도움이 된다면 이 경험은 작은 줄기가 되겠지. 여기에 다른 여성의 경험이 입혀지고 또 덧입혀지면 이는 커다란 강물도 되고 누구나 볼 수 있는 큰 바다도 되지 않을까? 그러면 다음 세대의 여성들 앞에는 분명히 더 많은 선택지가 놓일 것이다. 남몰래 배를 싸안고 아픔을 참아야 하는 사람도 줄어들 것이다. 내 뒤의 여성 한 명이라도 덜 아프기를 바라는 마음, 어떤 이는 이 마음을 인류애나 공감, 혹은 기록욕으로 여길 수 있겠지만 나는 이 마음을 페미니즘이라 부르고 싶다.

일러두기
: 설명하는 모든 증상은 개인의 몸에 국한된 것으로, 각자의 신체 상태와 건강 상태에 따라 증상은 달라질 수 있다. 미레나 삽입 결정을 하기 전에는 반드시 산부인과 진찰을 받고, 전문의와 충분한 상의를 거쳐야 한다.

: '생리'보다는 '월경'이라는 단어를 사용했다. '자궁'도 '포궁'으로 쓰고 싶었으나 자궁 관련 병명이 등장하기 때문에 통일성을 위해 '자궁'으로 기재했다.

1부

여성의 몸으로 태어나서

미레나가 뭐야?

미레나를 넣은 지 딱 6개월이 되었다. 나는 오랫동안 이날을 기다렸다. 왜냐하면 미레나의 적응 기간이 6개월이기 때문이다. 의사는 시술 후 6개월 동안 서서히 통증과 월경혈의 양이 줄어들 것이라고 말했다. 내 몸이, 자궁이, 내 자궁 안에 들어앉은 미레나가 어떻게 되었는지 이제부터 천천히 이야기해 나가려고 한다.

루프 중 하나인 미레나

우선 미레나가 도대체 뭔지부터 알아보자. 미레나에 대해서 이미 잘 알고 있는 분은 이 부분을 건너뛰어도 좋다. 미레나는 자궁 안에 삽입하는 피임 기구이다. 영문 표기는 Mirena. 이런 식의 장치를 통틀어 '루프(loop)'라고도 하고, 영문 약어를 써 IUD(intrauterine device)로 표기하기도 한다. 루프에도 여러 가지가 있는데 미레나는 그중 한 제품의 상표명이다.

피임용 삽입 장치는 자궁 안에 넣는 루프와 팔의 피부 밑에 넣는 '임플라논'이 있다. 루프는 또 두 가지로 나누어지는데, 구리 루프와 호르몬제 루프이다. 호르몬제 루프는 작은 분수 모양의 막대기에 호르몬제가 발라져 있다. 몸속에서 소량씩 그 호르몬제를 내보내 임신을 방지한다. 호르몬제 루프로는 현재까지 미레나, 제이디스, 카일리나 이 세 제품이 나와 있다. 구리 루프의 피임 원리는 구리 성분이 자궁 내에서 계속해서 약한 염증 반응을 일으켜 수정란의 착상을 막는다. 예전에는 구리 루프를 많이 사용했지만 최근에는 호르몬제를 원하지 않는 소수의 사람들만 구리 루프를 넣는다고 한다. 구리 루프는 월경통을 더 심하게 만든다는, 내 기준으로는 상상도 하기 싫은 커다란 단점이 있다.

호르몬제 루프에서는 레보노게스트렐이라는 황체호르몬이 나오는데, 자궁 입구의 점액을 끈끈하게 하여 정자가 난자와 만나는 것을 막아 피임을 유지한다. 또한 자궁내막을 얇게 유지시켜서 수정란이 착상하는 것도 막는다. 자궁내막이 두꺼워지지 않으니 월경량이 줄고 월경통도 줄고, 자궁내막 관련 질환을 예방하는 효과까지 있다(우리들 학교 때 자궁 그림 보면서 배웠지요? 자궁내막이 두꺼워지다가 수정이 되지 않으면 그 피로 만들어진 벽이 허물어지면서 나오는 것이 바로 월경이라는 걸).

그런데 피임약을 먹으면 안 되는 사람이 있는 것처럼, 루프도 넣어서는 안 되는 사람들이 있다. 먼저 임신 중에는 넣을 수 없다. 이거야 당연하다. 원래 루프는 피임 기구가 아닌가. 또 확인되지 않은 부정출혈이 있는 사람도 넣을 수 없다. 먼저 부정출혈의 원인을 알아야 하는데, 악성종양이나 진단되지 않은 자궁 속 혹이 있을 수 있다. 골반염이나 질염, 성 매개 질환이 있는 사람도 루프를 넣으면 병이 퍼질 수 있다. 만약 이런 병을 앓고 있다면 병을 치료한 뒤에 루프를 넣어야 한다. 나도 상담차 산부인과를 찾았을 때 질염이 있어서 바로 치료를 받았다.

미레나, 제이디스, 카일리나 중 무엇을?

미레나는 호르몬 루프 중 가장 먼저 개발되었고, 호르몬 용량도 가장 많다. 그래서 월경통 치료 효과가 있는 거라고 한다. 미레나의 유지 기간은 5년이다. 제이디스는 미레나의 크기가 너무 커서 못 넣는 사람들을 위해 약간 축소해 만든 것이다. 여성들의 자궁은 모두 크기도 다르고 특성도 다르다. 더욱이 최근에는 여성 청소년들도 엄마 손을 잡고 산부인과에 와 루프 시술을 받는 경우가 꽤 된다고 한다. 월경통이나 과다월경으로 고생하는 딸의 아픔을 덜어 주려는 엄마들이 있는 것이고, 또 일찍부터 자궁에 문제가 생기는 경우도 있으니까. 소녀들의 덜 자란 자궁에는 미레나가 너무 커서 제이디스를 넣는다고 한다. 그렇다고 제이디스가 엄청 작지는 않다. 사진이나 그림으로 보면 미레나보다 정말 아주 조금 더 작다(그런데도 그렇게나 증상에 차이가 난다니 인간의 몸은 참 신기하지). 크기가 작아져서인지 호르몬 용량도 적어져서 제이디스의 유지 기간은 3년이다. 마지막에 나온 카일리나는 앞서의 두 가지, 그러니까 미레나와 제이디스의 단점을 보완한 제품이다. 크기는 제이디스만큼 작지만 유지 기간은 미레나와 같은 5년이다. 그러나 셋 중 가장 비싸다.

여러 가지 루프 중 내가 미레나를 고른 이유는 오직 미레나만 의료보험이 되고(그러니까 가장 저렴하고) 월경통 경감 효과가 보장되어 있기 때문이다. 그 뭐냐 미국 FDA에서 월경통 경감 효과를 인증받았다는 기록을 봤다. 운이 좋으면 16% 정도의 확률로 무월경이 될 수도 있다. 여기서 조금 이상한 점이 있는데, 미레나를 삽입할 때 의료보험 적용을 받으려면 피임의 목적이 아닌 월경통 경감 목적으로 시술을 해야 한다. 피임 기구로 개발된 의료기기인데 원래 목적으로 시술을 받으면 더 많은 돈을 내야 한다니, 아무래도 이해가 잘 안 되지만 제도가 그렇게 되어 있다고 하니 별 수 없다.

미레나를 넣으려면

당연하지만, 미레나는 혼자서 넣을 수 없다. 산부인과에 가서 의사와 상담을 하고, 의사가 환자의 자궁 안에 넣는 시술을 해야 한다. 탐폰처럼 질에 넣는 것이 아니라 질을 지나고 자궁경부를 지나고 그 안쪽인 자궁의 한복판에 들어간다. 흔히 태아가 자리 잡는 바로 그곳 즈음이다. 혹시 몰라 말해두지만 자궁 안에 넣으면 이물감 같은 건 없다. 우리의 질경부는 이물감을 예민하게 느끼지만 자궁은 장기의 하나이기 때문에 감각이 없다. 마치 위나 대장, 소장처럼 말이다. 미레나는 산부인과 전문의가 있는 대부분의 1차 병원에서 쉽게 시술할 수 있다. 동네 산부인과에서도 된다는 뜻이다. 의료기기이긴 하나 이물질이 자궁 안에 들어가 있는 것이기 때문에 부작용이 상당해 미리 각오할 점이 많다. 그런데 미레나를 넣기 전 이런 부작용을 모르는 이는 거의 없다. 부작용을 감수하고서라도 넣기를 선택할 뿐이다.

월경통과 나의 역사

 자신의 월경통이 어느 정도인지는 객관적으로 알기가 힘들다. 나는 남이 아니고 오로지 내 몸만 겪었으니까, 남의 고통이 어느 정도인지 모른다. 그러니 내가 어디쯤에 있는지 순위를 매기기도 어려운 게 당연하다. 추측이야 해볼 수 있을 것이다. 내 친구들 중 가장 통증이 심한 경우는 고등학교 때 월경통으로 응급실에 실려간 지연이었다. 월경통이 가장 적은 경우는 월경통이 아예 없으니 그건 예외로 치고, 월경 때면 진통제 한두 알을 찾아 먹고 일상생활을 하는 친구들은 꽤 많다. 나는 응급실과 일상생활 그 사이 어디쯤이니, 아마도 보통보다는 심한 편인 것 같다.

나의 벗이자 적, 진통제

월경이 시작되면 약부터 사놓아야 한다. 타이레놀 계열 말고 이지앤식스나 덱시부펜 같은 엔세이드 계열의 진통제를 준비한다. 한 주기에 거의 한 갑을 다 먹고, 한 갑이 부족할 때도 있다. 최근에는 자꾸 약국에 가기가 번거로워 세 갑을 한꺼번에 사보기도 했다. 진통제는 나에게 너무나 친숙한, 동반자이자 친구 같은 존재가 되어버렸다(진통제 없는 삶? 안 돼, 싫어. 어떻게 살라고).

최근 내 월경의 양상은 이러했다. 월경이 시작되기 2일~6일 즈음에 부정출혈과 같이 갈색 피가 조금씩 나온다. 하지만 언제 본격적인 월경이 시작될지(=빨간 피가 나올지) 예측이 어렵기 때문에 팬티를 자주 갈아입으며 버티거나 팬티라이너를 쓴다. 그러다 붉은 피가 비치기 시작하면 몇 시간 안에 금세 피의 양이 많아지고 극심한 월경통이 덮친다.

나는 오랜 시간 월경통에 시달려 오면서 가급적 통증을 줄이기 위해 나름대로 요령을 익혔는데, 가장 중요한 건 뭐니 뭐니 해도 미리 진통제를 먹는 것이다. 아프기 전에 진통제를 미리 먹으면 10까지 갈 통증을 8 정도에서 멈출 수 있다. 산부인과 의사가 추천한 방법이니 의학적 근거도 있다. 진통제에는 아픔을 줄여주는 효과도 있지만 통증 유발 물질을 제거하는 효과도 있다고 한다. 그러니 미리 진통제를 먹으면 통증 유발 물질이 줄어들어 덜 아프다는 것이다.

그런데 앞서 말했듯 갈색 피가 며칠이나 계속될지 도무지 예측이 안 되기 때문에 어떤 달은 월경이 시작되기도 전에 진통제 한 통을 다 먹을 때도 있다. 팬티를 확인하고 '엇, 시작하려나?' 한 알 꿀꺽. 밤이 되면 '에이 오늘 월경 안 하네' 하고 잠들었다가 다음 날 또 팬티에 묻은 피를 보고선 '그렇다면 오늘인가?' 또 한 알 꿀꺽. 에이 아니네. 이 짓을 며칠이나 반복한다. 그러다 보면 정작 월경이 시작되어 본격적으로 진통제를 먹을 즈음에는 위가 고래고래 소리를 지른다. "야. 이 새끼야, 약 좀 그만 먹어!" 하고. 하지만 자궁은 참지 않는다. 자궁은 덜덜거리며 피를 쥐어짠다. 나는 배가 너무 아프다. 아랫배(자궁)와 윗배(위)가 동시에 아프다. 진통제를 빈속에 먹으면 위가 많이 상한다. 하지만 그렇게 인생이 늘 굿 타이밍일 수는 없지 않나. 어쩔 수 없이 빈속에 약을 먹는 때도 있다. 지금 당장 들이닥친 월경통을 달래는 게 우선이니까.

할 수 있는 모든 것을 다하고
겸허히 받아들이는 통증

월경이 시작되면 정해진 루틴이 있다. 약을 먹고 월경컵을 소독해 질 안에 넣고 온수주머니에 뜨거운 물을 채워서 침대에 눕는다. 내가 할 수 있는 모든 조치를 다 취했다. 그 후에는 그저 뜨거운 물을 교환하며 끙끙 앓을 뿐이다. 통증은 완만하게 시작되다가도 갑자기 치솟는다. "아이고" 소리가 절로 나온다. 그럴 때 가끔 생각한다. 아, 미간에 주름 또 깊어지겠네. 가장 통증이 심한 시점인 10을 지나 9를 거쳐 8 정도로 통증이 잦아들면 지쳐서인지 약 때문인지 잠에 빠지기도 한다. 30분~1시간 정도 자고 일어나면 온몸이 땀에 젖어 있고 통증이 3 정도로 가라앉아 있다. 하지만 아직 좋아하기는 이르다. 약 기운이 떨어지면 통증은 다시 7 정도로 올라간다. 가장 아픈 시간이 지나갔기 때문에 이때부터는 온수주머니를 부여잡고 서라도 책상에 앉을 수는 있다. 약효의 유지 시간(=최소 복용 간격)을 살피면서 진통제를 먹으며 겨우 생활을 해나간다. 당연히 온전한 일상생활로는 볼 수 없고 겨우 겨우 꼭 필요한 일만 할 수 있다.

　월경통이 가장 극심할 때는 배는 물론 허벅지까지 통증이 번져서 물주머니를 이리 옮겼다 저리 옮겼다 해야 한다. 통증 부위가 너무 넓다. 둘째 날이 되면 배의 통증은 많이 줄어들지만 대신 허리가 아프다. 허리의 통증은 3일 정도 지속된다. 그것마저 잦아들면 어느새 월경 기간이 끝나간다. 새빨갛게 펑펑 쏟아지던 월경혈은 양이 줄어들며 5일~6일차에 다시 갈색으로 변하고 7일이 되면 마지막 갈색 자국을 끝으로 일주일을 꽉 채운 나의 월경이 끝난다.

나의 월경대 변천사

약국에서 월경대 사던 시절

내가 처음 본 월경대(생리대)는 '미라젤'이라는 제품이었다. 엄마가 쓰시는 것을 봤다. 지금으로서는 상상하기 힘든 두꺼운 솜 패드였고 가운데에 피를 미라클처럼 흡수한다는 긴 직사각형의 '미라클젤'띠가 있는 제품이었다. 나보다 앞서 월경을 시작한 언니도 그 제품을 많이 썼는데 내가 월경을 시작할 즈음에는 '위스퍼'를 주로 쓰기 시작했다. 다만 위스퍼는 비쌌고 미라젤은 그에 비하면 확실히 저렴해서, 엄마가 사다 놓은 월경대가 미라젤뿐이면 할 수 없이 그걸 써야 했다. 너무 두꺼워서 바지 위로 월경하는 티가 나지 않을까 걱정이 들었지만 고작 중학생의 용돈으로 맘에 드는 걸 사서 쓰기는 어려웠다.

　그 무렵엔 월경대를 지금처럼 마트에서 사기보다는 주로 약국에서 샀다. 마트는 약국보다 비쌌고, 더 창피했기 때문이다. 약사는 의료인의 범주에 들어서 그런지 조금 덜 부끄러운 마음으로 월경대를 살 수 있었다. 그때나 지금이나 다름없는 건, 월경대는 꼭 검정 비닐에 넣어준다는 점. 월경대가 부끄럽다는 생각은 어쩌면 이 검정 비닐로부터 시작됐는지 모른다. 이것은 감춰야 할 것, 손에 보이도록 들고 다닐 수 없는 것, 남부끄러운 무엇. 그것이 월경대뿐 아니라 내 피, 내 몸이 되는 걸 자라오며 내내 겪어야 했다.

　내 돈으로 월경대를 사면서부터 '좋은느낌'만 썼다. 우리 언니는 위스퍼를 좋아했는데, 나는 어느 날 친구가 빌려준 좋은느낌을 한번 써본 뒤부터 계속 그것만 고집했다. 순면 감촉이라는 그 월경대를 쓰면 생식기 피부가 간지럽고 아픈 게 훨씬 덜 했기 때문이었다. 그러니까 웬만한, 특히 위스퍼의 맨들맨들하고 작은 구멍이 뽕뽕 나 있는 비닐 같은 커버가 살에 닿아 있으면 꼭 발진이 나 고생을 했다. 아랫도리가 가렵고 빨갛게 부었으며 월경주기가 끝날 무렵에는 염증이 생겼는지 아프기까지 했다. 처음에는 원래 그런 건 줄 알았다. 월경을 하면 원래 생식기 피부가 아프고, 그렇게 밑이 빠지는 것 같은 아찔한 느낌이 나는 게 당연한 일인 줄 알았다. 하지만 오랜 시간 주위를 살펴보니 나만 그렇게 불편한 것 같았다. 친구들이나 언니, 엄마도 다른 월경대를 군말 없이 잘 썼다. 오히려 좋은느낌만 고집하는 내가 너무 까탈을 부리는 것 같았다.

면월경대와 월경컵을 소개받은 날

2000년대 초반의 어느 저녁, 나는 동기 여자친구들과 함께 선유도에 있었다. 그곳에서는 '여성전용파티'라는 행사가 열리고 있었다. 여러 홍보 부스들이 차려져 있었는데 그중에서 우리의 눈길을 끈 것은 '피자매 연대'의 부스였다. 거기엔 다양한 크기와 모양의 면월경대가 펼쳐져 있었다. 대학생이던 우리는 집 밖에서 그렇게 월경대를 만지작거린다는 것부터가 조금은 부끄러워 괜히 낄낄댔는데, 부스에 있던 활동가들은 전혀 그런 기색이 없었다. 면월경대를 친절히 소개해주며, 집에서도 얼마든지 자투리 천으로 만들 수 있다고 했다. 면월경대야 오래전에 엄마나 할머니도 썼던 역사적 물건이니 그런 것이 존재한다는 건 이미 알고 있었다(할머니는 이걸 '개짐'이라 불렀다). 신기한 건 따로 있었다. 그곳에서 나는 난생처음으로 월경컵을 소개받았다.

불그스름한 고무로 만들어진 그 물건은 깔때기 모양이었다. 활동가들은 낯선 그 물건을 들고는 이걸 질 속에 넣어서 피를 받아내고, 피가 차면 컵을 비우는 거라고 설명했다. 도무지 이해가 가지 않았다. 이 큰 걸 어떻게 거기에 집어넣는담? 대체 무슨 수로? 게다가 피를 비워낸다고? 도무지 그림이 그려지지 않았다. 지금 생각해보면 당시 활동가들도 월경컵의 정확한 사용법을 몰랐던 것 같다.

그들은 고개를 갸웃하던 나에게 "이걸 쓸 수 있다면 축복받은 질이에요. 서양에서는 꽤 많이 쓴다고 해요."라고 했으니까. 그 말로 나는 '아주 소수의 사람들만 쓸 수 있는 거구나.'라는 생각을 하고 돌아섰다. 이건 덩치가 아주 커서 질도 자궁도 엄청 큰 사람만 쓸 수 있겠다고 생각했다. 적어도 나는 그 물건과 연이 없을 것 같았다.

나중에 월경컵을 진짜 내 삶에 들이기까지, 그 날의 소개는 도움이 되기도, 오히려 방해가 되기도 했다.

면월경대 10년

지금도 그 용기가 어디서 왔는지 잘 모르겠다. 어느 날 갑자기 나는 면월경대를 쓰기로 결정하고 인터넷으로 여러 장 주문을 해버렸다. 아마도 반복되는 생식기 피부 발진에 지친 어느 월경주기 끝물이었을 것이다. 빨래가 힘들다고는 하지만, 밖에서 교체하기에도 걱정되는 부분이 많다고는 하지만, 그래도 일회용 월경대와 병행하면 어떻게든 되겠지, 그런 생각이었다.

처음 써본 면월경대는 놀라웠다. 아래가 아프지 않았다. 흡사 면팬티를 입고 있는 것과 감촉이 다를 바 없었다. 약간 두껍고 접착제가 없어 앞뒤로 움직일 수 있다는 점이 좀 불편했지만 피부가 멀쩡해지니 한결 편안했다. 와, 다른 사람들은 이렇게 아랫동네 편하게 살았던 거야? 생각했다. 양이 많은 날은 새지 않을까 걱정도 했었는데 기본적으로 방수천이 들어가 있어서 심각하게 새는 경우는 거의 없었고, 월경량이 많을 때는 일회용 월경대와 마찬가지로 자주 갈아주면 되었다. 그런데 뒤처리에 애로사항이 많았다. 간단히 쓰고 버리면 끝인 일회용과 비교하면 조금 많은 정도가 아니고 어마어마하게 많았다.

일단 피가 묻은 천을 세탁할 때는 찬물을 쓰는 게 원칙이었다. 피 속의 단백질이 뜨거운 물에서 응고되기 때문에 세탁이 어렵다는 것이다. 내가 면월경대를 빠는 과정은 다음과 같았다.

1. 피가 잔뜩 묻은 월경대를 흐르는 찬물에 넣고 여러 번 주무르며 헹군다. 그러면 월경대가 품고 있던 피가 어느 정도 빠진다. 붉은 핏물이 바닥을 줄줄 흐르는 모습을 볼 수 있다.

2. 그렇게 기본적인 핏물을 뺀 뒤 찬물을 받아 월경대를 담가둔다. 6시간 이상 담가두면 면에 깊이 스며든 피가 배어나온다.

3. 피가 배어나온 물을 버리고 한 번 더 찬물로 헹군 뒤 비누칠을 해 주무른다. 이제 전처리가 끝났고 본격적인 빨래라 할 수 있다.

4. 비누칠과 주무르기가 끝나면 한번 헹궈서 다시 비누칠을 한다. 살짝 주물러 찬물 약간과 함께 다시 6시간 이상 방치한다.

5. 마지막으로 4의 것을 헹구고 잘 짠 다음 바

싹 말린다. 건조 또한 완벽히 하지 않으면 곰팡이나 세균 번식 등의 문제가 생길 수 있으므로 최선을 다해 말린다.

    글로만 적어도 숨이 차는 기분인데, 이걸 실제로 하다 보면 도를 닦는 느낌이다. 매번 월경대를 갈 때마다 이렇게 빨 수는 없으니까 보통 하루치를 모아서 빤다. 집에는 아빠도 있고 아빠가 아니라도 우리 집은 월경대를 대놓고 펼쳐두는 분위기가 아니어서 잘 감춰야 했다. 일회용 월경대 역시 눈에 안 띄게 잘 처리하는 걸 미덕으로 삼았다. 나는 어두컴컴한 다용도실에 혼자 쭈그리고 앉아 열심히 조물조물 주물주물 내 핏물을 빼곤 했다. 건조는 가족들이 모두 보는 베란다에서 하기가 마음에 걸려 내 방에 걸어놓고 했다. 덜 마르면 더 위험하다고 하니 다 마른 것 같아도 노파심에 며칠씩 더 걸어두었다. 게다가 나는 수족냉증이 심한 편이다. 찬물로 이 모든 과정을 해내는 게 결코 쉽지 않았으며 겨울이면 아찔한 손가락 통증이 수반되었다.

    그럼에도 불구하고 계속해서 면월경대를 쓴 것은 그만큼 생식기 피부의 평화가 소중했기 때문이다. 어쩌다 마지못해 일회용 월경대를 사용하는 경우에는 피부가 급하게 뒤집어졌다. 얼른 집에 가서 면으로 바꾸고 싶었다. 써보기 전에는 전혀 몰랐던 편안함이었다.

그러다가 면월경대의 신세계를 만나게 되는데, 그것은 바로 '달이슬'이라는 업체에서 만든 천연염색 월경대다. 황토 염색과 숯 염색이 있는데 나는 회색을 좋아해서 숯 염색 월경대를 샀다. 회색의 월경대는 기본 색 때문에 세탁을 마치고 나면 피 얼룩이 심하게 남지 않았다. 게다가 피가 얼마나 잘 빠지는지, 세탁 시간이 획기적으로 줄었다. 좀 비싸긴 했어도 돈을 쓴 보람이 있다고 느꼈다. 하지만 문제는 나였다.

탐폰은 징검다리

그렇게 좋은 면월경대를 쓰면서도 어느 날부턴가 점점 이 모든 과정이 거추장스럽고 버겁게 느껴졌다. 날로 악화되는 수족냉증 탓도 컸을 거다. 그 무렵 나는 집 근처의 시립 수영장에 등록하고 수영 강습을 받고 있었다. 예전부터 배우고 싶어서였는지, 내 몸에 잘 맞아서인지는 모르겠지만 수영에 재미를 붙였고, 몇 개월이나 강습을 이어갔다. 그런데 월경이 시작되면 수영장에 가지 못한다. 수영을 하는 중에는 수압 때문에 월경혈이 나오지 않지만 물 밖으로 나서는 순간 피가 나오게 된다. 당연히 그런 꼴을 보이고 싶지도, 민폐가 되고 싶지도 않았던 나는 월경 무렵에는 수영을 쉬었다. 그런데 기껏 재미를 붙인 운동을 일주일이나 쉬고 있으면 강습 동무들이 쭉쭉 진도를 나가는 동안 나는 뒤처져 나머지 공부를 해야 했다. 그마저 강사를 괴롭힐 수 없으니 동무들에게 구걸하듯 지난 시간에 무엇을 배웠냐 어떻게 하는 거냐 물어서 겨우겨우 따라가야 했다. 그래서 생각한 것이 탐폰이었다.

    탐폰은 질 속에 삽입하는 솜뭉치 형태의 월경 처리 도구다. 작은 막대기처럼 생긴 탐폰을 질 안쪽 깊숙이 밀어 넣으면 자궁경부에서 흘러나오는 월경혈을 탐폰이 흡수한다. 탐폰이 더 이상 흡수할 수 없으면 피가 새어 나오기 때문에 적절한 시점에 갈아 주어야 한다. 아무튼 탐폰을 쓰면 질 밖으로 피가 흐르지 않기 때문에 수영하는 사람들은 많이들 탐폰을 썼다. 월경을 시작하고 가장 아픈 2~3일 동안은 집에서 쉬었지만 4일째부터는 탐폰을 넣고 수영장에 갔다. 월경전증후군 때부터 찌뿌둥하던 몸이 수영을 하고 나면 개운하게 풀리는 느낌이었다.

　　탐폰의 존재는 어려서부터 익히 알고 있었다. 하지만 한두 번 시도만 해봤을 뿐 적극적으로 쓰려고 하지 않았다. 왜냐하면 질 속에 무언가를 넣는 행동 자체가 낯설었기 때문이다. 지금은 어떤지 모르겠지만 나는 어려서부터 생식기를 소중히 하고 몸가짐을 조심히 하라는 압박 속에 살았다. 결혼을 하기 전에는 절대 섹스를 해서도 안 된다고 했다. 자위를 하는 것도 금지되었다. 이 금지가 누가 "자위하지 마세요!"라고 말하거나 "자위X"이런 푯말을 든 것도 아니다. 그저 자연스럽게 사회가 나에게 강요한 것이었다. 아무도 말하지 않음으로써 오히려 여자의 자위는 금기가 되었다. 그러니 스스로 질에 무언가를 넣는다는 게 어색하고 민망했다. 화장실에서 혼자 넣고 빼는 일인데도, 나 말고는 아무도 그 사실을 모르는데도, 질에 뭐가 들어가는 게 싫고 무서웠다.

　　그런데 탐폰을 한번 써보니 이건 월경대에 비할 바가 아니었다. 질 밖으로 피가 나오지 않는다는 건 내 생식기가 보송하다는 뜻이었다. 탐폰을 착용하면 이물감도 없고 아주 편안하다. 혹시 탐폰을 시도해 봤는데 대단한 이물감이 느껴지고 질이 굉장히 불편하다면 탐폰을 깊숙이 찔러 넣은 게 아니라 질 입구에 걸쳐져 있지는 않은지 확인하자. 의외로 탐폰을 얼마나 깊이 넣어야 하는지 몰라 애먹는 사람들이 많다. 나처럼 질 길이가 긴 사람은 애플리케이터의 손잡이 부분 직전까지 완전히 질 속에 다 넣은 뒤 애플리케이터를 밀어서 탐폰을 넣는다.

'디지털 타입' 탐폰이라는 것도 있는데, 플라스틱이나 종이로 만들어진 애플리케이터가 없이 오로지 비닐로 싸인 탐폰만 있는 형태다. 비닐을 벗겨 자신의 손을 이용해 탐폰을 질 속에 밀어 넣는다. 플라스틱 어플리케이터를 쓰지 않으니 보다 친환경적이고 가격도 저렴하고 손가락보다 작은 탐폰만 딱 들어 있으니 휴대나 보관이 간편하다. 하지만 넣기 전에 손을 깨끗이 씻어야 하고, 애플리케이터가 없는 타입에 비해서 다리를 넓게 벌려야 하니 외출시 사용하기에 조금 불편한 점은 있다.

탐폰에도 단점이 있는데 첫째, 최대 착용 시간이 8시간이라는 점이다. 그러면 잘 때 착용하기에 부담이 생긴다. 수퍼울트라 사이즈의 탐폰을 끼고

자도 양이 많은 날은 샐까 봐 무서워 월경대를 덧대고 잠이 들었다. 또 8시간이 넘으면 탐폰 포장지마다 적힌 독성쇼크증후군(TTS)에 걸릴까 봐 무서워서 잠에서 깨자마자 얼른 화장실로 달려가 탐폰부터 교체해야 했다. 내가 잠에서 덜 깨어 누운 채로 뒹굴거리는 한가함을 얼마나 사랑하는데, 탐폰을 착용하는 동안은 그런 꿀 같은 아침은 꿈도 꿀 수 없었다. 찾아보니 독성쇼크증후군은 질 내에 상처를 내거나 너무 오래 탐폰을 교체하지 않았을 경우 걱정할 일이고 보통은 잘 일어나지 않는다고 하니 너무 겁먹을 필요는 없다.

둘째, 질 건조증이다. 탐폰은 솜을 단단하게 뭉쳐놓은 것이기 때문에 피뿐 아니라 질 내의 수분도 흡수한다. 따라서 탐폰을 너무 오래 쓰거나 자주 쓰면 질 건조증이 나타날 수 있다고 했다. 실제로 월경주기 초반에는 부드럽게 들어가고 빠지던 탐폰이 주기의 끝이 다가오면 뻑뻑하게 들어가고 나오는 느낌이 들었다. 피의 양이 줄어서이기도 하지만 질이 건조해지는 느낌도 분명히 있었다.

이런 단점을 해결하고 싶었다. 내 생식기를 보송하게 유지하면서 질도 건강하고 싶었다. 더욱 쾌

적한 월경을 하고 싶었다. 사소한 단점이긴 하지만 탐폰을 꺼내기 위해 질 밖으로 길게 나와 있는 하얀 실도 늘 걸리적거렸다. 나는 아직 한참이나 배가 고팠다.

뒤돌아보니 탐폰 사용을 한 것은 나의 월경 처리 역사에 매우 중요한 경험이었다. 특히 디지털 타입 탐폰의 공이 크다. 한동안 쓰다 보니 내 질에 대해 더 잘 알게 되었다. 다음 글에 자세히 밝히겠지만 디지털 타입 탐폰은 월경컵으로 건너가는 징검다리 역할을 해주었다. 월경컵에 섣불리 도전하기 겁이 나는 사람에게는 우선 애플리케이터가 있는 탐폰을 써보고 그 다음으로 디지털 타입 탐폰을 써보라고 권하고 싶다. 한 계단씩 내 질과 친해지는 방법이다.

월경컵이라는 신세계

구하는 자가 얻는다고 했던가. 그 무렵 월경컵이 눈에 들어왔다. 스무 살 무렵 신기하게만 봤던 물건, 요상하고 기괴하다고 생각했던 그 물건이 페미니즘의 파도를 따라 내 SNS에까지 밀려와 있었다. 월경컵을 쓴 사람들은 너무나 편하고 좋다며 마구 칭찬을 하고 있었다. 자세히 보니 모양도 예전에

봤던 불그스름하고 거무튀튀한 것이 아니라 다양한 색깔에 크기와 디자인도 제각각이었다. 월경컵이 이렇게 여러 종류가 있었어? 정보를 찾고 또 찾았다. 그러다 보니 월경컵을 쓰는 방법, 나에게 맞는 월경컵을 고르는 방법, 브랜드별 월경컵의 특성도 알게 되었다. 더불어 옛날에 여성전용파티에서 봤던 월경컵은 '키퍼'라는 이름의 초기 모델이라는 것도 알았다. 도대체 이 황홀한 집단지성은 뭐지? 누가 이렇게 은혜로운 아카이빙을 하는 걸까. 나는 인터넷 세상의 이름 모를 여성들에게 한없이 감사하며 그들이 정리해둔 정보를 보고 나에게 맞을 것 같은 월경컵을 골랐다.

월경컵은 다회용 제품이고 대부분 의료용 실리콘으로 만든다. 하나의 가격이 2~5만 원 정도로 다른 월경 도구보다 비싸다. 그때 나는 돈이 별로 없었기에 여러 종류의 컵을 사서 돌려 써 볼 여유가 없었다. 단 한 번에 골든컵(자기의 질에 딱 맞는 컵을 '골든컵'이라고 부른다)을 찾고 싶어서 숙고 또 숙고한 뒤 '블로섬컵(Blossom Cup)'이라는 미국 제품을 골랐다. 당시는 국내에서 생산되거나 판매되는 월경컵이 없었다. 식약처의 허가가 나지 않아

국내에서는 판매할 수 없어, 모든 제품을 해외에서 사와야 했다. 다른 나라에서는 일반 마트나 드럭스토어에서 흔히 살 수 있는 생활용품인데도 말이다. 나는 트위터의 월경컵 공구 계정을 통해 여럿이 배송비를 나누어 내는 방식으로 2만 7천 원 정도의 꽤 합리적인 가격에 구매할 수 있었다.

    월경컵은 진입 장벽이 높기로 유명하다. 인터넷의 후기들을 보면 삽입에 실패했다는 사람, 어떻게 넣긴 했지만 자꾸 피가 샌다는 사람, 접어서 넣었는데 안에서 안 펴진다는 사람, 넣기는 잘 넣었는데 뺄 수가 없다는 사람, 넣기도 빼기도 문제없는데 착용하고 있으면 이상하게 복통이 있는 사람 등등 다양한 어려움들이 있었다. 질과 자궁의 크기와 위치는 사람마다 다르다. 또 자궁 주변의 장기, 그러니까 방광 또한 사람마다 다르다. 여러 변수가 존재하고, 그렇기 때문에 월경컵을 고를 때는 신중한 사전 조사가 필요하다.

    월경컵을 사기로 결심하고 내가 가장 먼저 시작한 사전 작업은 월경 기다리기였다. 왜냐하면 월경컵을 사려면 내 질의 길이를 알아야 하는데, 월경 때 자궁의 위치가 달라지기 때문에 질 길이가 평소

와는 다르게 측정될 수 있기 때문이라고 했다. 월경컵은 월경 기간에 쓰는 거니까 월경을 하는 동안 잰 질의 길이를 기준으로 삼아야 했다(38쪽에 부연 설명이 있으니 참고). 질 길이를 어떻게 재느냐고? 내 손가락을 넣어서 잰다. 나는 여기서부터 상당한 진입 장벽을 느꼈다. 탐폰을 쓰면서 질에 뭔가를 넣는 게 조금 익숙해지긴 했지만 내 손가락으로 질을 휘젓는 것은 쉽게 용기가 나지 않는 일이었다. 게다가 그걸 월경 때 하라니. 그래서 여러 번 망설이고 또 망설였다. 그렇게 몇 개월을 보내다가 결국에 든 생각은 무엇이냐, 섹스할 때 파트너는 내 질에 망설임 없이 손가락을 넣어 애무하는데 왜 나 자신은 내 질에 손가락을 못 넣는 거지? 내 몸인데 왜 남보다 내가 더 모르지? 이게 말이 되나? 남의 손가락보다 내 손가락이 더 어색하다는 게 이상한 일이 아닐까? 하는 생각에 이르렀다. 앞에서도 자위 얘기를 잠깐 했지만 나는 결혼 후에도 삽입 자위를 하지 않았다. 그러니 내 질에 내 손가락을 적극적으로 넣는 행동이 어색하게 느껴졌다.

결국 내가 남보다 내 몸을 더 모르는 것은 말이 안 된다는 생각에 힘입어 어느 월경주기에 욕실로 들어가 바지와 팬티를 벗고 질에 손가락을 넣었다. 해보면 알겠지만 그런 동작을 하려면 멀뚱히 서서는 안 된다. 양다리를 O 자 모양으로 한껏 벌리고 허리를 굽히거나 변기 등에 한쪽 다리를 올려 가랑이를 오픈해야 한다. 그런 자세로 질에 가장 긴 손가락인 중지를 넣는다. 어디까지 들어가는지 그 깊이를 재는 게 중지의 임무다. 질은 기울어져 있기 때문에 질벽을 자궁으로 착각하지 않도록 주의하면서 재야 한다. 보통은 손가락이 들어가다가 뭔가에 막히면 그게 자궁 입구라고 했다.

    그런데 어라? 계속 들어갔다. 뭔가가 닿지 않고 계속 계속… 이게 맞는 건가? 내가 맞게 재는 건가? 이미 자궁 입구를 지나간 것이 아닌가? 손가락을 이리저리 휘저어 봤지만 여전히 알쏭달쏭했다. 질을 까뒤집어 눈으로 확인하고 싶은 심정이었다. 결국 물음표만 안고 욕실을 나왔다. 또 다시 찾은 것은 여성들의 집단 지성. 인터넷을 열심히 뒤져 보니 질 길이가 긴 경우, 즉 자궁이 내려오지 않고 꼭대기에 달려 있으면 손가락이 닿지 않을 수 있다는 거였다. 그러면 두말없이 질이 길다는 뜻이니까 긴 종 모양의 월경컵을 고르면 된다고. 그런 글을 보고서도 내 질 길이에 대한 확신은 없었지만 일단 길다고 치고 긴 형태의 월경컵을 제1의 조건으로 삼았다. 만약에 질 길이가 짧은 분은 '페미사이클'같이 몸체가 짧은 형태를 골라야 한다.

그런데 나중에 전문가의 의견을 들어보니 질 길이를 재는 방법은 조금 달랐다. 자궁의 위치는 월경 기간뿐 아니라 평소에도 계속 달라지는데다가, 월경 기간에는 자궁 입구가 열리기 때문에 질 속에 손가락을 넣으면 평소보다 위생에 더욱 취약해 좋지 않다고 한다. 그러니 월경 기간이 아닌 평소에 여러 번 길이를 재어 평균치를 구하고, 월경 기간에는 이보다 0.5~1센티 정도 질 길이가 짧아진다고 생각하면 된다고 한다.

두 번째로 고려할 점은 경도였다. 월경컵의 경도란, 얼마나 부드러운가, 그래서 얼마나 잘 접히는가를 나타내는 말이다. 경도가 높으면 딱딱하고 경도가 낮으면 부드럽다. 각각의 장단점도 있는데, 딱딱한 월경컵은 모양이 잘 잡혀 있어서 질 내에서 잘 펴지고 모양이 쉽게 변형되지도 않아 많이 움직여도 잘 새지 않는다. 특히 스포츠용 월경컵은 다른 것보다 훨씬 딱딱한 높은 경도를 갖고 있다. 그래서 단

점은 넣고 빼기 어렵다. 원래의 모양으로 복귀하려는 성질이 크니 질에 넣을 때 꾸깃꾸깃 접기가 어렵고 잘 접어도 손가락에 힘을 많이 주어서 모양을 유지해야 질에 넣을 수 있다. 악력이 약한 사람은 삽입부터 힘겨울 수 있다. 또 주의할 점은 경도가 높은 월경컵의 경우 방광을 압박할 수 있다. 방광이 예민한 사람은 자주 오줌이 마려운 느낌을 받을 수 있고 방광이 아주 예민한 사람은 통증까지 느낄 수 있다고 한다. 경도가 낮은 월경컵은 정확히 그 반대의 장단점을 가진다. 방광을 압박하지 않아 착용감이 좋고 넣고 빼기에도 용이하지만 몸을 많이 움직일 경우 질 내에서 모양이 변형되어 자칫 월경혈이 새어 나올 수 있다. 또 질에 넣을 때 접은 모양대로 질 내에서 잘 펴지지 않아서 손가락을 넣어 이리저리 움직이며 월경컵을 펼쳐야 하는 때도 생긴다. 그러니까 경도를 고를 때의 가장 중요한 판단 기준은 내 방광의 성향이다.

    방광의 성향을 도대체 어떻게 알까? 바로 여기서 탐폰 경험이 빛을 발한다. 탐폰도 질 내에 들어가 있는 것은 월경컵과 비슷하니까 방광의 감각을 어느 정도 가늠할 수 있다. 나는 일반 탐폰을 쓸 때는 크게 느끼지 못했는데, 조금 큰 사이즈의 탐폰을 쓸 때면 자주 오줌이 마려운 느낌을 받았다. 막상 화장실에 가면 소변의 양이 그리 많지 않은데, 이런 경우 방광이 눌려서 그런 경우일 거라 추측했다. 그러니 딱딱한 월경컵을 쓴다면 분명히 빈뇨감을 많이 느낄 것이라 예상했다. 경도가 비교적 낮은, 그러니까 부드러운 월경컵을 골라야 했다. 또한 나는 격렬한 스포츠보다는 평소 하는 운동이 기껏해야 걷기나 수영 정도니까 몸의 활동 강도도 신경 쓰지 않았다.

그렇게 여러 방면으로 평가해 결정한 월경컵이 바로 나의 첫 번째 월경컵인 블로섬컵이다. 이후에는 슈퍼제니, 루나컵 등 비슷한 모양 비슷한 경도의 컵들을 필요에 따라 구매해 사용했다. 모두 정확한 판단이었으며 내 질은 긴 것이 맞았다. 종 모양의 긴 월경컵을 넣었을 때 쑥 들어갔다. 처음 휘이휘이 중지를 질 속에서 휘저었을 때 내 자궁은 높이 있어서 닿지 않았던 것이다.

나의 월경컵 적응기

그렇게 어렵게 고른 월경컵을 쓴 소감은… 첫

월경주기는 거의 지옥이었다. 넣고 빼기가 너무나 힘들었기 때문이다. 욕실에서 하의를 벗고 얼마나 오랫동안 끙끙거렸는지 모른다. 다리에도 손가락에도 다 쥐가 날 지경이었고 긴 싸움 끝에 월경컵을 어찌어찌 넣고 나와서는 한참 누워 기력을 회복해야 했다. 허벅지에 온통 알이 배겼다. 두 번째 주기, 넣고 빼기는 역시 힘들었지만 긴장을 덜하게 되어 몸이 힘든 건 조금 나아졌다. 세 번째 주기, 넣고 빼는 요령이 조금씩 생겼고 완전히 보송한 생식기를 갖게 되었다. 네 번째 주기부터 그 이후 몇 년 동안 나는 월경컵 없이는 못 사는 사람이 되었다. 이제 더 이상 축축한 월경대는 필요 없다. 밤에 샐 걱정 없이 마음껏 누워서 이리 뒹굴 저리 뒹굴 할 수 있다. 꿀렁꿀렁 굴 낳는 기분 나쁜 느낌도 전혀 없다. 밑이 빠질 것 같이 아래가 아찔한 느낌도 생식기가 퉁퉁 붓고 가려운 것도 이제 그만. 어쩌다 긴 외출 때문에 일회용 월경대를 하기라도 하면 한 시간을 견디기도 힘든 몸이 됐다. 월경컵은 내 월경 생활을 완전히 개선해준 혁명적 물건이었다. 나를 구원해준 나의 귀염둥이, 나의 애장품, 나의 보물, 월경컵. 미레나를 삽입한 뒤에도 출혈이 있을 때면 어김없이 월경컵을 찾앉다. 이제 더 이상 축축하고 간지러운 일회용 월경대를 쓰고 싶지 않았다. 절대 절대로!

더 다양한 선택지가 필요해

 월경컵을 사기로 결심하고 한창 정보를 알아보던 때였다. 주변 친구들에게 월경컵에 관심이 있는지 물어보았다. 해외 직구를 해야 하니 혹시 같이 살 사람이 있으면 배송료도 나눠 낼 수 있고 서로 좋을 것 같아서였다. 그런데 매우 놀라운 의견을 들었다. 친구들은 대부분 월경컵을 부정적으로 생각하고 있었다. 친구들 중에는 비혼도 기혼도 있으며 이미 임신과 출산을 경험한 이도 있다. 하지만 모두 다 월경컵을 낯설고 이상한 물건으로 여겼다. 질 속에 뭔가를 넣는 게 익숙하지 않으면 그럴 수 있겠다 싶었지만 - 나도 그랬으니까 - 더 놀랐던 것은 다들 일회용 월경대가 전혀 불편하지 않다는 말이었다. 그게 안 불편한 사람이 있다니… 전혀 생각지 못한 포인

트였다. 어쩌면 내가 계속해서 더 나은 월경 도구를 찾아 헤매게 된 건 일회용 월경대가 나에게 맞지 않기 때문인 게 아닐까. 불편하지 않으면 변화를 원하지 않는다. 그것이 불편하다는 감각조차 없다. 친구들이 이상하다는 말이 아니다. 이상한 건 나였다. 세상이 세팅해 놓은 기본값이 불편한 사람, 어딘가 더 예민하고 더 간지럽고 아픈 사람이 나였다. 목 마른 자가 우물을 판다는 옛말이 떠올랐다. 내가 아무리 월경컵을 찬양해도 일회용 월경대가 불편하지 않다면 굳이 모험해 가며 용기 내 가며 바꿀 이유가 없었다.

월경컵을 쓰고 5개월 정도가 흘렀을 무렵 '여성환경연대'에서 월경컵 사용자를 대상으로 집단 인터뷰를 진행한다는 공고를 보았다. 매우 흥미로웠고 주변에서 만날 수 없는 월경컵 사용자들을 만나고 싶은 마음도 있어 지원해 참여하게 되었다. 그 무렵 일회용 월경대에 들어간 발암물질이 크게 이슈가 되어 '발암 생리대'라는 키워드가 돌았다. 시중 대부분의 일회용 월경대에서 유해물질이 검출되어 많은 여성들이 충격에 빠졌다. 순면 재료를 사용한 유기농 월경대의 판매량과 수입 월경대의 판매량이 치

솟았고 더불어 면월경대와 월경컵에 대한 관심도 높아지고 있었다.

인터뷰는 열 명 남짓한 여성이 둘러앉아 각자 자신의 월경컵을 꺼내 들고 이야기를 나누는 형식이었다. 그 자리에서 인터넷으로만 보았던 다양한 월경컵을 구경할 수 있었다. 또 다른 사용자들의 꿀 같은 경험과 우리끼리만 느낄 수 있었던 어려움과 고민도 나누었다. 그중 기억에 가장 남은 건 내 옆에 앉은 중년 여성의 이야기였다. 그분은 벌써 한참 전부터 월경컵의 편리함을 알고 써온 분이었다. 그래서 주변에도 적극적으로 월경컵을 알려 왔다. 심지어 직접 여러 개의 월경컵을 구매해서 지역의 저소득층 소녀들에게 지원을 했다. '깔창 생리대' 사건이 알려진 지 얼마 되지 않았을 때다. 저소득층 청소년들이 월경대 살 돈이 없어서 휴지를 뭉쳐 사용하거나 아쉬운 대로 신발 깔창을 월경대 대용으로 쓴다는 기사가 난 것이다. 일회용 월경대를 쓰기 부담스러운 청소년들에게 월경컵 지원은 정말 좋은 방식이었다. 월경컵은 뜨거운 물로 소독만 하면 반영구적으로 쓸 수 있으니까, 그거 하나만 갖고 있어도 월경대 비용을 몇 년치나 아낄 수 있다. 그런데 놀랍게도 지원을 받은 소녀들은 대부분 월경컵을 사용할 수 없었다. 부모님들이 반대를 했기 때문이다. 아직 '처녀'인 아이들에게 그런 흉측한 물건을 쓰게 할 수 없다는 이유로 많은 월경컵이 되돌아왔다고 한다.

그 부모들의 마음을 이해 못 하는 것은 아니지만 아쉬운 마음이 들었다. 그까짓 질 입구 주름이 뭐라고(이제 '처녀막'이라는 말은 옛말이 되었다. 국어사전이 변경되었다). 그거 좀 찢어져도 아무 일도 일어나지 않는데. 처녀 처녀! 순결 순결! 그놈의 처녀성 타령에 숨이 막힌다. 여성을 압박하고 가두는 그 순수한 말들에 진절머리가 난다. 막상 나도 그 말 안에 갇혀 있을 때는 몰랐다. 밖으로 나와 보니 그제야 알겠다. 이까짓 말에 내 삶이 얼마나 많이 휘둘렸는지. 다음 세대의 여성들에게는 그런 압박이 조금은 덜하기를 바라건만, 아직도 멀고 먼 걸까?

나는 월경컵을 쓰기 때문에 아직 써보지 않았지만, '월경 디스크'라는 것이 있다. 월경컵과 비슷하게 사용하는 제품인데 보통 종 모양인 월경컵과 달리 납작한 접시 모양이다. 마찬가지로 의료용 실리콘으로 만들어지지만 일회용도 나온다. 디스크는 월경컵보다 피를 저장하는 용량이 적어서 월경의 전후에 곁들여 사용하기 좋다. 또 특유의 모양 때문에 월경컵보다 넣고 빼기가 아주 쉽다고 하니 월경컵이 너무 무서운 사람은 디스크부터 사용해 보는 것도 좋겠다. 하지만 착용이 수월한 만큼 피가 샐 가능성도 커서 월경량이 아주 적은 사람이 아니라면 추천하지 않는다. 마찬가지로 적은 양의 피를 흡수하기에 좋은 도구로 월경용 팬티가 있다. 이것은 단순히 새는 것을 막아주는 위생팬티와는 조금 다른 것으로, 여성의 생식기와 맞닿는 부분에 천이 여러 겹 덧대어 있어서 얇은 면월경대를 한 것처럼 피를 흡수한다. 당연히 이 정도로는 많은 양의 피를 흡수할 수 없지만 일반 속옷과 다름없이 착용한다는 점에서 가장 편안하고 활동성이 높다. 다만 좋은 제품은 5~6만 원 정도로 꽤 비싸다. 나도 비슷한 걸 시도해보고 싶어서 시험 삼아 동네 잡화점에서 세일하는 요실금용 팬티를 하나 사봤는데 방수천 때문에 공기가 잘 통하지 않아 좀 답답한 것 말고는 큰 불편이 없었다. 요실금 팬티는 요즘도 가끔 월경 기간에 쓰곤 한다.

2부

미레나를 넣었다

자궁에 미레나 넣기

미레나에 대한 소개도 마쳤고, 다른 선택지에 대한 이야기도 충분히 했다. 이제는 본격적으로 나의 미레나 경험에 대해 이야기해볼 차례다. 앞서 명절에 가족들의 권유를 받고 미레나 상담을 갔다고 했다. 그렇게 찾아간 산부인과 진료실 안에서부터의 이야기다.

상담: 귀를 뚫는 것과 같아요
"선생님, 미레나 상담을 받고 싶어요."

대뜸 찾아와 미레나부터 들이미는 나에게 60대 초반(으로 보이는) 여성 산부인과 의사가 한 말은 "미레나는 귀를 뚫는 것과 같아요."였다. 의사는 한 손에 자궁 모형, 한 손에는 미레나 모형을 들고 자궁 모형 안에 미레나 모형을 넣었다 뺐다 하면서 설명을 이어갔다. 작은 분수처럼 생긴 미레나는 자궁 안에서 양팔을 벌리듯이 펼쳐지는데, 그게 자궁 입장에서는 어디까지나 이물질이라 당연히 출혈이 있고 다양한 염증 반응도 생긴다고 했다. 귀를 뚫을 때 따끔하듯이 미레나를 넣을 때도 상당히 아플 수 있고, 귀를 뚫고 나면 피가 나고 염증이 생기듯 미레나를 한 다음에도 그렇다고. 그런데 부작용이 도무지 못 견딜 정도가 되어서 이걸 제거하고 싶으면 얼마든지 제거가 가능한데, 귀를 뚫었던 귀걸이를 빼면 모든 부작용이 사라지듯 자궁도 원래대로 돌아온다고 했다. 그렇게 설명을 들으니 이해가 쉬웠고, 인터넷 글만으로는 알 수 없고 두렵기만 했던 미레나 부작용이라는 것이 어느 정도 납득이 갔다. 사람마다 피부가 다르듯 자궁도 다르니까 부작용도 천차만별일 수밖에 없구나 싶었다.

    의사는 미레나를 할 경우 초반에는 여러 불편함이 있겠지만 장기적으로 자궁 건강에 좋다는 말을 했다. 자궁내막증을 예방할 수도 있고, 이미 내가 갖고 있는 두 개의 자궁근종도 미레나의 영향으로 더 커지는 걸 막거나 심지어 작아질 가능성도 있다고 한다. 하지만 부작용에 대해서도 많은 경고를 해주었다. 이미 큰맘 먹고 찾아온 나였지만 의사 입장에서는 모든 가능성에 대해 말해주어야 하니까 여러 번 강조해 부작용 경고를 주었다. 특히 내 동공지진을 일으킨 부분은 삽입 후 3개월은 통증과 출혈이 수시로 발생할 수 있는데 심지어 그게 매일매일 3개월 내내 반복될 수 있다는 말이었다. 미레나 부작용은 사람마다 너무 달라서, 아무런 출혈도 통증도 없는 사람이 있는가 하면 출혈, 통증, 부종, 체중증가, 여드름 등등 수많은 증상을 한꺼번에 겪을 수도 있다. 그야말로 뽑기나 운의 영역이다. '그래, 매일 아프고 매일 피 나는 것까지 각오하자.' 이렇게 마음을 먹었다. 최악을 생각해도 앞으로 갈 수 있다고, 아직 닥치지 않은 통증 때문에 이 작은 희망을 놓지 말자고 스스로를 다독였다. 흡사 처음 면월경대를 살 때나 월경컵을 살 때와 비슷한 다짐이다. "3개월은 기도하는 마음으로 기다려야 합니다." 의사는 자신의 가슴 앞에서 손을 모아 보이며 강조했다. "네, 알겠습니다." 겸허한 마음으로 대답했다.

    그런데 그 겸허한 마음이 잠시 흔들릴 뻔했다. 시술 후 주의사항을 알려줄 때였다. 시술 후에는 자궁에 자극을 주는 그 어떤 행동도 해서는 안 되기 때문에 일주일 동안 절대 섹스 금지, 탐폰이나 월경컵도 사용 금지, 당연히 삽입 자위도 금지. 오케이 그게 뭐 어렵겠어? 그런데 혹시나 해서 물어봤다. "선생님 혹시 클리 자위도 안 되나요?" 단호한 대답이 돌아왔다. "네, 안 됩니다." 아, 그렇구나. 어쩐지 속이 조금 답답해져 온다. 참아봐야지 뭐. 참고로 삽입과 상관없는 클리 자위도 금지인 이유는 성적으로 흥분하면 자궁이 수축을 하기 때문이다.

> **Tip. 시술 날짜는 어떻게 정할까**
>
> 시술 날짜를 '몇 월 며칠' 이렇게 정하는 건 아니다. 내 담당 의사는 다음 월경주기 3~4일 차에 오라고 했다. 미레나를 자궁에 쑤셔 넣어야 하기 때문에 아주 작은 틈만 있는 평소의 자궁보다는 월경을 위해 조금 열린 상태의 자궁이 시술하기에 더 유리하기 때문. 닫힌 자궁에도 넣을 수는 있지만 환자가 많이 아플 수 있어서 그럴 경우 수면마취를 하기도 한다고.

시술: 기절하는 사람도 있다는데

드디어 다음 월경이 시작되고 4일차에 산부인과를 찾았다. 삽입 시의 통증과 부작용에 대해서는 이미 충분히 이야기를 듣고 각오도 했지만, 시술 전 의사는 다시 한번 모든 설명을 반복했다.

"미레나는 뭐랑 똑같다고 했죠?"

"귀 뚫는 거요."

"3개월 동안 어떤 마음으로 기다린다?"

나는 지난번 의사가 한 것처럼 가슴 앞에 손을 가지런히 모으고 대답했다.

"기도하는 마음요."

"자, 그럼 들어갑시다."

산부인과 진료실 의자에 엉덩이와 생식기를 까고 누워 있는 건 이제 아무렇지도 않다 - 면 약간은 거짓말이지만 - 자궁경부암 예방과 자궁근종 관찰을 위해 정기적으로 부인과 검진을 받으니 어느 정도 익숙한 일이다.

이번 시술에서는 자궁경부암 검사를 함께 진행하기로 했다. 원래 못해도 1년에 한 번씩은 받는데 안 그래도 받을 때가 되었기 때문이다. 먼저 질 내부를 소독하고 암 검사를 위해 세포를 채취했다.

그 다음이 드디어 미레나 시술이다. 선생님이 "이제 시작합니다."하고 나에게 말한 뒤 뭔지는 모르지만 내 질을 들여다보며 이런저런 걸 했다. 뚝딱뚝딱 질 안에서 뭔가가 왔다갔다. 그러다가 의사는 "자, 뻐근합니다."라고 말했다. 그때 오잉 정말로 아랫배가 뻐--근-한 느낌이 들었다. 나중에 유튜브로 미레나 시술 과정을 찾아봤는데 이때가 바로 내 자궁 입구를 겸자로 집어서 앞으로 쭉 당기는 거더라. 잡아당긴다고 당겨진다니, 것도 참 신기하다. 새삼 자궁이 아기를 보호하기 위해 잘 늘어나는 장기라는 걸 떠올린다. 내 자궁을 쥐어잡은 의사가 마침내 "미레나 주세요."라고 간호사에게 말했다. 옆에 서 있던 간호사가 기다란 포장지를 북 뜯어 그 안에 든 길쭉한 플라스틱 막대 같은 것을 건넨다. 마치 마트에서 산 요술봉 포장지를 뜯는 것 같다. 요술봉을 사줄 아이가 없는 대신 나는 애물단지인 자궁에 요술봉을 심어주리.

"좀 아픕니다."라고 말하며 의사가 미레나를 넣는다. 드디어 들어간다. 욱신. 우우우욱--신! 미레나를 삽입하는 순간의 통증에 대해 미리 겁을 많이 냈는데 내 경우는 월경통, 그것도 중간 수준의 월경통 정도였다. 의사가 재빨리 후처치를 한 다음(나중에 미레나 뺄 때를 대비해 낚싯줄 같은 것이 자궁 밖으로 나와 있는데 그 줄을 정리하는 과정이 있다) 시술이 마무리되었다. 의사는 이어서 초음파로 미레나가 잘 안착되었는지 확인했다. 초음파는 환자도 동시에 볼 수 있도록 모니터가 세팅돼 있다. 그런데 평소에 자궁근종을 관찰하던 초음파 화면과 조금 다르다. 마치 임신한 아기를 관찰하듯이 자궁 속을 절반으로 잘라 단면을 보여준다. 일반적인 질초음파와는 다른 방식의 초음파라고 한다. 부채꼴 모양의 내 자궁 속에는 반짝거리는 작은 막대가 들어가 있었다. 내 움직임에 따라 자궁이 움직이고 자궁의 움직임을 따라 반짝이 막대도 움직였다. 처음 본 미레나는 정말 요술봉 같았다.

마지막으로 소독약을 바른 뒤 진료 의자에서 내려와 옷을 갈아입었다. 출혈이 있을 것을 예상해 미리 중형 월경대와 위생팬티를 준비해왔다. 의사는 다시 한번 부작용과 주의사항을 말해주었고 처방전과 보험 관련 서류도 꼼꼼히 챙겨주었다.

> **Tip. 미레나 시술 가격은 얼마?**
>
> 　미레나 시술 가격은 21만 원. 의료보험 적용이 된 가격이며 보험 적용이 되지 않으면 30만 원대로 높아진다(병원마다 다를 수 있음). 나는 미레나 시술을 받으면서 동시에 자궁경부암 검사도 했기 때문에 5만 원을 더해 26만 원의 병원비를 냈다. 자궁경부암 검사도 따로 하면 6만 원인데, 미레나를 넣는 김에 하면 어떤 과정이 중복되어 1만 원 할인되는 셈이라고 했다.
>
> 　여기서 꿀팁. 미리 실비보험에 가입돼 있다면 미레나 시술 비용 21만 원 중 20만 원을 돌려받을 수 있다. 결과적으로 나는 1만 원에 미레나를 삽입한 셈이다.

미레나를 넣은 뒤 일어나는 일들

미레나를 넣은 뒤에는 치열한 적응 과정을 겪어야 했다. 그야말로 '피나는' 노력이었다. 이 작은 막대가 자궁 안에서 무슨 일을 벌이고 있는지, 뭘 하길래 나를 이렇게 괴롭히는지 따져 묻고 싶은 날들과 마침내 미레나가 내 몸속에 자리 잡기까지의 이야기다.

첫 5일 : 이거 할 만하네

미레나를 넣고 집으로 돌아간 그날은 질을 통해 계속해서 피와 약이 나왔다. 질 속에 무엇도 삽입할 수 없기 때문에 위생팬티와 일회용 월경대를 사용했다. 아래에 닿는 느낌이 너무너무 거슬리고 불편했지만 내 질과 자궁은 소중하니까 참아야지. 시술 후 첫 5일 동안은 계속해서 갈색 피가 나오고 월경통처럼 배가 싸르르 아팠다. 병원에서 처방해준 진통제를 하루 세 번 먹었다. 출혈과 통증 모두 첫째 날이 가장 심했고 갈수록 줄어들었다.

    시술 일주일 후 미레나가 잘 자리 잡았는지 보러 산부인과를 다시 찾았다. 드물지만 자궁의 크기가 너무 크거나 잘못된 위치에 자리 잡을 경우 미레나가 배출될 수 있다고 한다. 그러니 잘 있는지 확인을 하는 것이다.

    "자, 여기 보이죠? 미레나가 잘 자리 잡았습니다."

    의사에게 지난 5일간의 변화를 말했고 이제 괜찮다고 말했더니 지금은 잠잠할 수 있는데, 언제든 출혈과 통증이 다시 생길 수 있다고 했다. 3개월 동안은 기도하는 마음으로 보내야 한다는 당부도 재차 확인하였다. 3개월 있다가 다시 병원에 와야 하는데, 그 사이에 월경 기간에는 갈수록 피의 양이 줄어들어야 정상이라고 했다. 만약 갈수록 피의 양이 늘어난다면 그때는 바로 내원하라고 했다.

    여기까지 왔을 때, 통증과 출혈이 있지만 이 정도야 당연히 각오했고 못 참을 정도도 아니었다. 들어간 미레나가 밀려 나오지도 않았고 앞으로 3개월 동안 그냥 잘 지내기만 하면 될 거라 생각했다. 삽입 자체도 그다지 아프지 않았으니까 급기야 나는 '미레나 이거 뭐 껌이네', '나 혹시 미레나 체질인 거 아냐?', '이렇게 좋은 걸 왜 이제야 했지? 아쉽네' 이런 생각까지 하며 들떠 있었다. 한 치 앞도 내다보지 못하는 어리석은 인간의 며칠이었다.

3개월 : 통증과 출혈이 함께할 것이다

그러던 어느 날 갑자기 심한 통증이 찾아왔다. 아랫배를 찌르는 듯한 강렬한 통증이 간헐적으로 이어졌는데 이제까지의 통증과는 다른 느낌이었다. 그렇다고 월경통과 아예 다른 성격은 아니고 강도의 차이가 있을 뿐이어서 미레나가 아닌 다른 원인을 생각하지는 않았다. 병원에서 처방받은 약이 떨어진 지는 이미 오래였고 약국에서 월경통에 먹는 진통제를 사다가 먹었다. 거의 매일 먹어야 했으며, 하루 4번이라는 복용량의 최대치까지 먹은 날도 많았다. 진통제가 빠르게 소진되었다. 동시에 팬티에는 매일매일 갈색 피가 묻어나왔다. 얇은 팬티라이너를 계속 썼더니 피부가 차츰 헐어서, 조심스럽지만 월경컵 사용을 시작했다.

그런데 자세히 파악해 보니 통증에도 패턴이 있는 것 같았다. 거의 매일 아프지만 배란통이 있을 법한 시기와 월경의 앞뒤, 그러니까 기존의 PMS 기간에 해당되는 시기에는 더욱 심한 통증이 찾아왔다. 자궁에 조금이라도 이벤트가 있으면 통증이 심해지는 것이 분명했다.

그런 와중에 찾아온 월경. 생각보다 출혈량이 많았다. 미레나를 넣기 전보다는 줄었지만 기대했던 것만큼 드라마틱하게 줄어들진 않았다. 이전의 혈액량이 10이라면 첫 번째 월경은 8 정도라 할 수 있었다. 월경주기는 미레나 전 31일~33일 사이를 오갔는데, 이제는 거의 40일이 되었다. 월경 기간도 이전의 7일에서 5일 정도로 줄었다. 이쯤 되니까 슬슬 다른 마음이 피어올랐다. '그래 부작용 각오하기는 했는데, 이렇게 매일 아프고 이렇게 매일 피가 나다니. 너무 힘들다.' 아래쪽 피부는 쓸려서 간지럽고 아프고 속옷과 휴지에 묻어나는 피를 보는 것도 지겨웠다. 월경컵도 한 달 내내 매일매일 쓰기에는 부담스러워서 며칠은 색이 어두운 팬티나 위생팬티를 입으며 버티고, 또 며칠은 일회용 월경대로 버티고,

그러다가 또 힘들면 월경컵을 썼다. 진통제를 매일 먹으니 위도 점점 약해져 툭하면 배가 아팠다. 아랫배도 아프고 윗배도 아프고 그야말로 난리부르스. 점점 지쳐갔다.

 그 와중에 신기한 게 딱 하나 있었는데, 그렇게 내내 아프다가 월경이 시작되니까 통증이 거짓말처럼 딱 사라진 것이다. 미레나가 월경통 치료 효과로 무슨 인증을 받았다더니 그야말로 '월경통'은 싹 낫게 해주는구나. 그래봤자 월경기간 5일을 제외한 35일을 아프거나 피가 나니 이게 무슨 꼴인가. 나는 벼룩 잡으려다 초가삼간 태우고, 쥐 잡으려다 쌀독 깬 셈이 아닐까? 그동안 일시불이었던 통증이 12개월 할부로 변경된 것 같았다. 왜 미레나를 삽입한 사람들이 3개월을 채 못 버티고 다시 병원을 찾아 제거해 달라고 하는지 너무나 이해가 갔다. 매일매일 아픈데 이게 자리보전하고 누울 만한 아픔까지는 아니고 인상을 찌푸린 채 책상 앞에 앉아 간신히 일을 할 수 있는 강도의 통증이었다. 성격은 날로 예민해졌다. 툭 하면 룸메에게 짜증을 내게 되는 것 같아 스스로를 경계해야 했다. 삶의 질이 너무 떨어졌다.

두 번째 월경이 찾아왔다. 월경량은 5 정도로 줄었다. 이번에도 주기는 40일 정도. 월경주기가 전체적으로 느슨해지고 있었다. 하지만 통증은 줄어들지 않았다. 게다가 이번 월경 기간에는 얼굴에 발진도 났다. 미레나를 넣기 전에도 보통 PMS 기간에는 얼굴에 대왕 여드름이 하나씩 났는데 이건 다른 양상이다. 예전에 피임약 혹은 PMS 증상을 줄여보겠다고 달맞이꽃 종자유 성분의 약을 먹었을 때 나타났던 발진과 유사했다. 얼굴 전체에 살짝 간지러운 붉은 발진이 여러 개 났다가 3~4일 후 사라졌다.

매일 아프니까 요상한 보상심리가 작동되어 아플 때마다 단 음식을 찾았다. 초콜릿, 사탕, 젤리, 탄산음료 등등… 미레나 부작용 중에 체중 증가도 있는데 통증으로 인한 스트레스성 식욕 때문인지 호르몬에 의한 체중 증가인지 구분하기 힘들겠다는 생각이 들었다. 나의 경우에는 많이 먹어서 붙은 살이 절반 이상은 되었다. 단것을 먹는 동안에는 잠시나마 아픔을 잊을 수 있으니 그 시간이 더 달콤했다.

미레나 시술 후 3개월이 되는 날. 부정출혈이 멈췄다. 미레나를 한 뒤로는 질에서 뭔가 축축한 기운이 느껴질 때마다 피겠거니 했는데 근처의 며칠 동안 갈색은 한두 방울 수준이고 거의 일반적인 냉이었다. 드디어 기도하는 마음이 결실을 맺는구나 싶었다. 삽입 후 3개월 뒤에 내원하라는 말을 들었기에 다시 산부인과를 찾았다.

"너무 예쁘게 잘 자리 잡았어요. 여기 반짝이는 거 보이죠?"

의사는 다시 나의 질 속에 초음파 기구를 넣어 미레나를 보여줬다.

생각보다 월경혈이 꽤 많이 나왔다고 하자, 의사는 앞으로 6개월 동안 서서히 줄어들 수 있다고 했다. "선생님 그런데 너무 자주 아프더라고요. 거의 매일매일 아팠어요."

"지금은 어때요?"

"지금은 괜찮아요."

"그럼 됐어요. 앞으로 6개월 뒤에 뵙겠습니다."

의사의 이 말을 끝으로 '기도의 3개월'이 드디어 지나갔다.

미레나여, 앞으로도 잘 지내보자. 그렇게 힘들었지만, 너는 나를 매일매일 괴롭혔지만, 아직 나는 너를 제거하지 않겠다. 남모를 다짐과 알 수 없는 오기를 부리며 산부인과를 빠져나왔다.

3개월~6개월 : 희망과 절망 사이에서

지난 병원 방문 때 너무 자주 아프다고 의사에게 말했고, 그날과 며칠 동안은 괜찮았기 때문에 그대로 3개월이 지나면 괜찮아질까 했지만 희망은 금방 물거품이 되었다. 곧 다시 통증이 반복됐기 때문이다. 그 무렵 내 핸드폰의 월경 기록 앱에는 '월경통' 항목과 '월경' 항목이 번갈아 여러 번 찍혀 있다.

세 번째 월경 때는 양이 확연히 줄었다. 미레나 시술 후 첫 번째 월경량이 8, 두 번째는 5, 세 번째엔 2 정도. 이대로라면 무월경도 기대해 볼 수 있지 않을까 싶었다. 며칠 갈색 피가 꽤 나오길래 생리컵을 4일 정도 썼다. 그런데 피가 그쳐서 뺐더니 이틀은 0.5 정도로 안 나오다가 갑자기 또 1 정도로 월경량이 늘었다. 게다가 또 월경통이 와서 약을 두 번 먹었다. 이 통증이 또 얼마나 이어질지 이제는 좀 지겹고 동시에 무섭기까지 했다.

네 번째 월경. 붉은 피가 아직도 나온다는 사실에 조금 실망했다. 붉은 피가 보인 날은 3일. 그 앞뒤로 계속 갈색 피가 비쳤다. 월경이 끝나자마자 바로, 정말 곧바로 찾아오는 통증에 정말 너무한다는 생각이 들었다. 무슨 약속 잡았냐고. 이렇게 정확하게 곧바로 아플 일인지, 지긋지긋했다. 미레나를 넣기 전에 어느 산부인과 의사의 유튜브 라이브 방송에 들어가 질문한 적이 있다. PMS가 너무 심해져서 미레나를 하고 싶은데 괜찮겠냐고. 그 의사는 매우 안타깝다는 표정을 지으며, 미레나를 하면 PMS가 더 심해진다고 말했다. 그런데 나를 진찰하고 상담했던 동네 산부인과 의사는 PMS가 줄어들 거라고 했다. 그 말을 들을 때는 당연히 희망적인 메시지를 믿었지만 나는 PMS가 심해진 쪽인 게 분명했다. 내 몸은 내 바람과 아무 상관이 없었다.

    하루는 반가운 친구를 만나 술 한잔을 했다. 고작 와인을 한두 잔 마셨을 뿐인데, 금방 취기가 올랐다. 특별히 도수가 높은 와인도 아니었는데 이상하다 생각하며 겨우 몸을 이끌고 집에 돌아왔다. 가만히 생각해 보니, 근래 매일같이 먹은 진통제가 마음에 걸렸다. 진통제를 자주 먹으면 간에도 부담이 있는 게 아닐까? 그래서 약해져 있는 간에 술을 넣으니 간이 힘들어서 술을 제때 해독 못 한 것이 아닐까? 결국 내가 술을 못 먹는 것도 전부 미레나 때문이 아닐까? 물론 이건 나만의 추측이니 믿을 만한 의견은 못 된다. 하지만 그 즈음에는 이렇게 모든 걸 미레나 핑계로 돌리고 싶을 정도로 미레나가 원망스러웠다. 이렇게 매일 아플 줄 알았으면 넣지 말걸. 3개월 지나도 계속 아픈데 도무지 끝이 안 보이는데, 앞으로 계속 이러면 어쩌지?

그러다가 너도 나도 의사도 질병청도 예상 못한 일이 생겼다.

이벤트 발생 : 코로나19 백신 접종

코로나 백신이 공급되어 국민 모두에게 무료로 접종을 한다고 했다. 백신은 기본 2회를 맞아야 하고 역시 다양한 부작용이 발생할 수 있어, 접종 후 15분간은 맞은 장소에서 대기했다가 아나필락시스 쇼크 증상이 없으면 자리를 떠날 수 있다. 가장 먼저 백신을 맞은 사람들은 방역의 최전선에서 밤낮없이 고생하고 있는 의료진이었고, 그 다음으로는 노약자였다. 나는 40대 초반이기 때문에 비교적 중증으로 발전할 가능성이 적어 후순위 접종군이었다. 그러니까 이미 앞서 맞은 사람들의 경험담과 괴담 같은 것들이 인터넷에 떠돌기에는 충분한 시간이었다. 백신을 맞고 돌연사 했다는 사람, 없었던 암이 생겼다는 사람, 온갖 병이 다 백신 때문이라고 했으며 기자들은 하루가 멀다 하고 백신 부작용 기사를 써댔다. 지금에야 이 모든 일들이 백신 때문이라고 볼 수는 없으며 오히려 백신 부작용을 신경 쓰며 몸의 변화를 주시한 덕분에 일찍 병을 발견해 조기 치료할 수 있는 행운이었다고들 한다. 또 의사들은 웬만한 부작용은 그냥 참고 넘기라고 권고하는 듯했다. 이 이야기를 쓰는 건 내가 백신 반대론자라서가 아니다. 나는 국가가 나와 내 가족을 지켜주었다고 생각하고, 접종 알림에 성실히 응해 부스터샷까지 3차 접종을 모두 완료했다. 나는 조금 다른 방향의 부작용에 대해 말하려고 한다.

20~40대가 맞기 시작하면서 해외에서부터 여성호르몬 관련 부작용이 보고되었다. 여성들이 다양한 월경불순을 겪었고 부정출혈이 심한 사람도 많다고 했다. 그러나 의료계는 여성들의 호소는 들은 척도 안 하고 월경불순을 공식 부작용으로 인정하지 않았다. 한참 후에 해외의 어느 여성 연구자가 이 부분을 연구해 겨우 의료계의 인정을 받았다는 기

사를 봤다. 한국에서도 백신을 맞고 나면 문자 메시지를 보내 부작용에 대해 조사했는데 그중 월경불순에 대한 내용은 없었다. 친구들은 월경이 끊기기도 하고 너무 많은 피가 나오기도 하고 월경통을 어마무시하게 겪기도 했다. 모두 직접 들은 증상들이다. 엄연히 여러 명이 겪는 공통된 부작용이었으나 여자들은 아무도 분류해 주지 않는 자신의 증상을 그저 '기타' 항목에 체크해야 했다.

내가 맞은 백신은 화이자였다. 첫 번째 백신을 맞고 그 달에 월경을 두 번 했다. 백신을 맞기 바로 3~4일 전에 월경을 마쳤는데, 접종 후 갑자기 PMS 증상이 심하게 나타나더니 다시 월경이 시작된 것이다. 안 그래도 백신 후유증에는 엔세이드 계열의 진통제를 먹지 말라 하고 타이레놀 성분의 약만 권장되어 보통 때보다 통증 컨트롤이 어려웠는데 월경마저 두 번을 하다니 속이 상했다. 미레나의 효과로 월경이 줄어들기를 매달 애태우며 기다리는 입장에서 한 달에 두 번의 월경은 상심을 불러왔다. 이래 가지고 월경 어느 세월에 그치냐, 무월경은 또 한 걸음 멀어지는 거 아니냐, 하면서 말이다.

나중에 두 번째, 세 번째 백신을 맞으면서 의사

들에게 월경 이야기를 했더니 다들 고개를 절레절레 흔들며, "지금 여성분들 다들 난리예요. 심지어 완경됐던 분이 월경을 다시 시작한 경우도 있어요."라고 했다. 어떤 중년 남성 의사는 내게 그 얘기를 하면서 재밌다는 듯 빙글빙글 웃었는데 얄미워서 그의 주먹코를 한번 꽉 꼬집어버리고 싶었다. 물론 실제로는 "네네" 하면서 얌전히 주사를 맞고 나왔지만.

다행히 두 번째 백신을 맞았을 때는 월경량이 예상보다 조금 많은 정도로 그쳤고, 세 번째 백신을 맞았을 때는 월경통이 조금 더 나타나고 끝났다. 하지만 주변에는 여전히 2차 3차 백신을 맞은 뒤 월경불순에 시달린 많은 여성들이 있었다.

어쩌면 이런 부작용은 별것 아닐지도 모른다. 매달 하는 월경인데 한 번쯤 더 한다고 뭐 큰일이겠나. 두 배로 피가 나온다고 죽는 것도 아닌데 어떠냐고, 원래 월경통 있었는데 이번에 좀 더 아프다고 해서 그게 대수냐고 누군가는 말하겠지. 그리고 그런 이유로 전 세계 수많은 여성들의 월경불순은 정식 부작용 취급도 못 받았던 거겠지. 애초에 남자가 월경을 했다면, 남자도 항문이나 음경에서 매달 피를 쏟는다면, 그런데 백신을 맞고 그

주기가 바뀌고 더 아프고 피가 더 많이 나온다면, 만약 그랬다면 지금과는 완전히 다른 반응이었을 거라는 확신이 든다. 항상 여자들의 고통과 불편은 하찮게 취급되는 세상이니까.

　*최근 한국의학한림원의 코로나19백신안전성위원회는 3차 연구결과 발표회를 통해 백신 접종이 월경 이상(이상자궁출혈 증상)의 원인일 수 있다는 내용을 발표했다. (〈한겨레〉, "백신 맞고 생리 시작했다' 사실로…코로나 접종과 인과관계 확인", 2022. 8. 11.)

미레나와 변한 나

 어느덧 미레나를 넣고 1년 6개월이 지났다. 이 원고를 시작할 때가 6개월 무렵이었으니 출간까지 또 1년이 흘렀다. 덕분에 생생한 경험을 기록할 수 있었다. 결론부터 말하자면 내 자궁 속에는 아직도 미레나가 잘 들어가 있다. 저절로 빠져나오지도, 제거해 달라고 산부인과에 가지도 않았다. 영원히 끝나지 않을 것만 같이 나를 괴롭히던 출혈과 통증은 상당히 많이 개선되었다. 특히 출혈 부분에서 커다란 진보가 있었으니, 나는 요즘 거의 월경혈을 보지 못하고 있다. 백신 접종이라는 이벤트로 잠시 흔들리기는 했지만 월경량은 착실히 줄어들었다. 이제는 월경 기간이 되어도 나오는 것은 0.5~1 정도의 혈액뿐. 그마저도 1~2일 만에 끝나니 무월경에 거의 다다랐다고 본다. 이제는 월경대도 탐폰도 월경컵도 쓰지 않는다. 월경 기간과 냉이 많이 나올 때 위생팬티를 착용하는 정도로만 대처하고 있다.

통증은 미레나 삽입 1년까지는 '아직도?' 싶을 정도로 이어지다가, 요즈음은 진통제를 먹는 날이 한 달에 7일 정도 되는 것 같다. 이전에 비하면 놀라운 발전이다. 아프다 싶으면 주저 없이 진통제를 먹는다.

오래 그리고 많이 부작용을 겪었다. 그래서 나는 미레나 시술을 후회하는가? 후회하지 않는다. 이제껏 쓴 대로 많이 힘들고 아팠지만, 성격도 나빠지고 위도 상했지만, 여전히 아프지만, 그래도 출혈 없는 일상을 보내게 된 이 날들이 좋다. 완전히 월경의 흔적도 없는 무월경은 아니어도 이만하면 인생이 훨씬 수월하다고 생각한다. 이전처럼 피도 펑펑 쏟고 배도 화끈하게 아픈 건 아니니까 그것만으로도 내 삶은 쾌적해졌다.

반대로도 생각해 본다. 내가 남자라면 이 모든 피와 아픔이 애초부터 없었다면, 나는 얼마나 더 생산적이고 밝고 건강한 사람이 되었을까. 한 달에 1~2주씩 컨디션이 엉망이 되는 삶이 아니었다면 내

지난 - 첫 월경을 시작한 15세부터 42살인 지금까지 - 27년은 얼마나 쾌적했을까. 나는 가지지 못한 것을 열망해본다. 가뿐하고 젊은 나의 신체를 상상해본다. 그리고 이제서야 그 상태에 조금이나마 가까워졌다는 사실이 못내 아쉽고 또한 감사하다.

미레나 시술, 이것이 궁금하다!

독자들의 질문을 받아 작가가 답변했습니다.

Q. 생리통도 심하고 양도 많은 편인데 다니던 산부인과 의사 선생님이 미레나 시술을 권하시더라고요. 몸에 뭔가를 넣는다는 게 막연히 불안하기도 하고, 과연 효과가 있을까 의심도 됩니다. 경험자로서 조언 부탁드려요!

A. 저는 의사가 권하지도 않았는데 가서 시술을 요청했습니다. 의사가 권했다면 그럴 만한 이유가 있을 거라고 생각해요. 남들보다 월경량이 유독 많아서 힘드시다거나 하는 경우요. 미레나를 겪어보니 월경통과 월경량 감소 효과는 확실합니다. 다만 월경통과 비슷한 통증이 월경주기 외 평소에도

나타나는 등 부작용이 여러 가지 생길 수 있다는 점을 미리 염두에 두세요. 저는 펑펑 쏟아지던 피의 양이 아주 적어진 것, 전에는 월경통으로 이틀은 누워 있어야 했는데 이제는 조금 아프더라도 일상생활을 할 수 있다는 점이 많이 개선된 부분입니다. 이처럼 내가 얻을 것과 잃을 것을 저울질해 보시고 결정하시면 크게 후회할 일은 생기지 않을 것 같아요.

Q. 저는 피임의 목적으로 미레나 삽입을 한 적이 있습니다. 제가 엄살이 심해서인지 삽입할 때와 제거할 때 눈물이 날 만큼의 아픔을 겪었습니다. 작가님께서는 그 고통이 참을 만한 것이었는지, 제가 특히 아팠던 건지 궁금해요.

A. 저는 미레나를 넣을 때 크게 아프지 않았어요. 평소에 겪었던 월경통에 비하면 오히려 강도가 세지 않은 통증이었어요. 미레나 삽입 시에 느끼는 통증은 사람마다 차이가 있다고 해요. 어떤 사람은 크게 비명을 지르기도 하고 또 어떤 사람은 거의 기절을 하기도 한다고 들었습니다. 그에 반해 저처럼 크게 아프지 않거나 정말 아무렇지 않은 사람도 있

다고 하고요.

　미레나를 여러 번 시술받은 친구에게 들었는데 자궁의 모양이 후굴인 경우 그냥 미레나를 넣으면 극심한 통증이 생겨서 꼭 마취를 한다고 해요. 제 친구는 전굴이지만 그냥 넣으면 자궁 내의 돌기에 걸려서 잘 안 들어가는 구조라 수면마취를 했다고 합니다. 혹시 다음에 또 미레나를 하실 마음이 있으시면 그때는 꼭 수면마취를 고려해 보세요.

Q. 미레나 삽입 후 살이 5kg 정도 쪘어요. 이 또한 미레나 부작용일까요?

　A. 저도 미레나 삽입 후 5kg 정도가 쪘습니다. 미레나 부작용 중에는 체중 증가도 있어요. 혹시 자잘한 통증 때문에 간식을 평소보다 더 많이 찾게 된 건 아닌지 섭취량을 체크해 보시고, 그게 아니라면 호르몬의 변화 때문으로 봐야 하지 않을까요? 저는 예전에 병원에서 처방받은 피임약(야즈)을 먹었을 때에도 몸이 심하게 붓는 부작용이 있었습니다. 평소 호르몬 관련해 몸이 어떻게 반응하는지 파악해 두면 조금은 덜 무서울 것 같아요. 저는 선천적으

로 무릎 건강이 안 좋아서 살이 찌면 무릎에 무리가 가요. 그래서 지금은 간헐적 단식을 통해 미레나 삽입 전과 비슷한 무게로 감량하였습니다.

Q. 만약 성공적으로 시술이 되었다면 삽입 상태로 얼마나 오래 쓸 수 있나요?

A. 5년입니다. 그런데 중간에 빠지는 경우도 있으니 갑자기 월경량이 많아지면 병원에 가서 확인해 보시는 게 좋다고 해요.

Q. 자궁에 작은 근종이 몇 개 있어 오래 지켜보는 중입니다. 어쨌든 생리통이 심한데, 근종이 있는 상태에서 미레나 시술을 하고 더 좋은 결과를 보신 경우가 있으신지 궁금해요.

A. 저도 자궁근종이 두 개가 있어요. 크기는 두 개 다 4cm 정도이고요. 저는 미레나 이후에 근종이 더 커지지는 않았어요. 저에게 시술한 의사 말로는 미레나가 근종의 성장을 억제하고, 운이 좋으면 작아질 수도 있다고 해요. 하지만 근종이 있는 경우

근종의 크기나 위치에 따라 미레나가 제대로 안착되지 않을 수 있고, 심지어는 밀려나올 수도 있다고 하니까 미리 근종의 위치를 확인해 보고 미레나를 시술해야 할 것 같습니다.

Q. 시술 후 하길 잘했다 싶었을 때 & 괜히 했다 싶었을 때?

A. 월경을 할 때마다 하길 잘했다 싶어요. 예전 같았으면 약 먹고 배에 찜질팩 대고 종일 누워서 끙끙 앓아야 했는데 이제는 그런 날이 전혀 없으니까요. 저는 무월경이 되지는 않았고 현재 아주 적은 양의 피가 나옵니다. 괜히 했다 싶을 때는 배란일과 PMS 기간이에요. 저는 이 시기에 아랫배 통증이 은은하게 계속 있어서 진통제를 꽤 많이 먹어요. 가끔 너무 짜증이 날 때는 '이걸 그냥 확 뺄까?' 하는 생각도 들어요. 이마저도 시간이 갈수록 점점 줄어들고 있어서 희망을 놓지 않고 있습니다.

Q. 어쨌든 몸에 이물질을 넣는 것인데, 평소에 이물감이 전혀 느껴지지 않을지 궁금합니다.

A. 탐폰을 아무리 깊이 넣어도 질이 건조한 느낌을 받을 수 있고, 월경컵도 꼬리가 질 입구 근처에서 알짱거리면 이물감이 있을 수 있죠. 하지만 미레나는 질이 아닌 자궁 속에 깊이 삽입하는 기구라서 전혀 아무런 이물감이 없습니다.

Q. 미레나 시술 관련 정보를 주고받을 수 있는 카페나 커뮤니티가 있을까요?

A. 제가 알아본 바로는 없습니다. 미레나에 대한 정보는 지역 여성들이 모여 있는 네이버 카페나 월경컵 카페, 면월경대 카페 등에서 종종 보았던 것 같아요. 사실 제가 미레나에 대해 글을 쓴다고 했을 때 "그게 무슨 쓸 거리가 있나?"라는 말을 들었을 정도로 미레나 사용자 중에서도 아무 부작용이 없고 그래서 할 말도 없다는 분들이 있었어요. 그러니 커뮤니티가 없다는 것도 이해가 가는 상황입니다. 혹시 커뮤니티를 알게 되시거나 만들어 볼 생각이 있으시면 저에게도 알려주세요. (웃음)

에필로그

어느 불효녀의 사정

"아니 그때는 니가 아프고 힘들다고 하니까 넣으라고 했는데… 지금 생각하니까 후회가 되고 그러네. 지금 마음 같으면 당장 빼버리라고 하고 싶어!"

"애도 없는데 김 서방이 나중에 바람이라도 날까 싶고."

"내가 너 때문에 사돈한테 미안해 죽겠어."

어느 날 엄마가 문득 전화해 이런 말을 했다. 그러니까 나에게 미레나를 권해놓고 이제 와서 그걸 빼라는 말씀이었다. 도무지 이해가 가지 않았다. 아니 사실은 이해가 가지만 엄마의 그런 마음을 인정하거나 받아들일 수는 없었다. 엄마는 결혼 9년

차이며 비출산을 선언한 우리가 사고(?)라도 쳐서 아기를 갖기를 그동안 마음속으로 애타게 바라왔는데, 이제 미레나를 넣었으니 그 실낱같은 희망조차 사라졌다는 사실에 절망을 느낀 것이다.

"아니 대체 엄마가 시어머니한테 미안할 게 뭐가 있어? 애를 안 낳기로 한 건 둘 다 원하지 않아서야. 우리는 다 합의된 사항이야. 김 서방도 애를 원하지 않아!"

"바람? 그럼 쫓아내지 뭐. 갈라서면 되잖아."

이제까지처럼 일관된 나의 말에 엄마는 이렇게 응수했다.

"이거 봐. 그렇게 헤어진다는 말도 쉽게 나오잖아. 애가 있으면 안 그럴 텐데."

이런 논리에는 한숨만 나온다. 끝없이 반복되는 이 싸움에 지칠 대로 지쳤다.

"엄마, 다시 한번 말할게요. 애는 그런 목적으로 낳으면 안 돼요."

"휴-. 알았다. 끊어!"

혹시나 하고 부여잡고 있던 엄마의 마지막 희망을 내 자궁 속 요술봉 미레나로 단호히 끊어버린 나는 오늘도 불효녀가 되고 말았다. 어차피 나는 섹스도 안 하는데. 미레나는 피임 때문이 아니라 월경통 때문에 한 건데. 엄마한테 그런 말까지는 할 필요 없고 하고 싶지도 않았지만, 부모님이나 친구들, 온갖 지인들 모두 왜 우리가 왕성하게 섹스한다는 전제를 갖고 말하는지 놀랍고도 이상한 일이다. 남의 집 침대 사정을 그렇게나 알고 싶나? 혹시 우리가 난임이거나 불임이면 어쩌려고 출산 문제를 쉽게들 입에 올리는지 모르겠다. 이토록 개인적인 문제를 왜 다들 자연스럽게 묻는 건지, 사생활이 뭔지 모르는 걸까. 심지어 나는 처음 본 동네 통닭집 주인아저씨로부터 출생률이 이렇게 문젠데 너네는 왜 애를 안 낳느냐는 소리를 들은 적도 있다. 출생률 운운하기 전에 "성생활에 문제는 없으십니까?" "혹시 불임이십니까?" 하고 그쪽 안부부터 물어야 되는 거 아니냐고. 그 질문을 할 수 없다면, 이런 질문들이 실례라는 걸 안다면, 출생률 얘기도 쉽게 꺼내지 말았으면 한다.

    미레나를 넣겠다고 결심하게 된 계기는 여럿인데 유튜브에서 본 어느 산부인과 의사의 말도 영향을 미쳤다. "마흔이라면 미레나 두 번 넣으면 폐경이에요." 그 말을 듣는 순간 마흔이 된 내 나이가 갑자기 훅 인식되었다. '어리다'는 말과는 이제 더 이상 가까워질 수 없는 나이, 내 삶을 책임져야 할 나이, 어쩌면 내 한 목숨뿐 아니라 가족의 몫까지 어깨에 짊어져야 할 나이. 그 책임감이 오히려 내 삶을 경영하고 주도해야 한다는 메시지로 다가왔다.

마흔쯤 되니까 인생에서 내 마음대로 할 수 있는 건 거의 없다는 걸 알게 됐다. 하지만 내가 가고 싶은 곳으로 조금이라도 더 가까이 가려고 노력할 수는 있다고 생각한다. 미레나도 그 노력 중 일부다. 나는 앞으로도 지레 겁먹고 포기하였던 많은 것들에 조금이라도 더 가까워지기 위해 노력하려고 한다. 여태껏 크게 일 벌였다가 망할까 봐 무서워 주먹구구식으로 해왔던 출판사도 새로 정비해 운영할 것이고, 10년 넘게 프리랜서로 살며 일정에 늘 치여 왔던 시간도 이제는 내가 주도해서 삶의 밸런스를 찾고 싶다.

이 책을 읽고 어떤 분은 미레나를 넣어야지 결심할 수도 있고, 어떤 분은 아이고 나는 못 하겠다 포기할 수도 있다고 생각한다. 나 또한 굳은 결심으로 시작했지만 끝없이 이어지는 부작용에 지칠 대로 지쳤으니까. 하지만 단 하나, 내 삶을 한 발짝 더 나은 곳으로 옮기겠다는 의지는 확실했다. 그 의지로 버틸 수 있었다. 나의 경험이 한 명의 독자에게라도 유용하게 쓰일 수 있다면 이 책은 충분히 역할을 했다고 생각한다. 부디 더 많은 여성이 몸과 마음의 자유를 얻기 바란다.

참고 자료

유튜브 채널

　*우리동네산부인과, 우리동산 : 산부인과 전문의 세 명이 함께 운영하는 채널로 산부인과에 대한 다양한 지식은 물론 의사들의 캐릭터가 확실해 그들의 만담을 보는 재미까지 쏠쏠하다. 여기서 미레나 시술 과정을 모형을 통해 볼 수 있었다.

　*쉿와이의사언니 김지연 : 산부인과 의사가 운영하며 젊은층을 타겟으로 해 산부인과 지식과 더불어 성관계 시의 다양한 지식도 알려준다. 관심을 끌기 위해 다소 과하다고 생각되는 편도 있지만 최근 연구 결과를 많이 알려주어서 최신의 부인과 지식을 얻을 수 있었다.

도서

*〈월경컵 입문자를 위한 월경컵 TMI〉(루나컵) : 나의 세 번째 월경컵인 '루나컵'을 사고 받은 소책자로 매우 유용한 월경컵 관련 지식들이 적혀 있다. 월경컵을 사용하고 싶은 사람이 읽어보면 궁금한 모든 것을 알 수 있을 정도. 이제는 월경컵 숙련자라 할 수 있는 나도 궁금한 게 생기면 펼쳐 보곤 한다.

*〈질의 응답 - 우리가 궁금했던 여성 성기의 모든 것〉(니나 브로크만, 엘렌 스퇴겐 달, 열린책들) : 노르웨이의 의사와 의대생, 두 명의 저자가 쓴 여성 생식기에 대한 방대한 책이다. 매우 자세하면서 친절하고 당연히 전문적이기 때문에 여성 생식기 전반에 대한 교양을 쌓기에 아주 좋다. 전 연령의 여성에게 권하고 싶은 책.

*그외 단편적인 정보들은 〈두산백과〉와 〈서울대학교병원 의학정보〉, 〈의약품사전〉 등을 통해 얻었다. 모두 포털 사이트를 통해 무료로 내용을 볼 수 있다.

미레나를 넣어봤더니

1판 1쇄 발행 2022년 8월 20일

지은이 윤준가
펴낸곳 말랑북스
펴낸이 윤정아
주소 경기도 고양시 덕양구 호국로742번길 38
팩스 050-7078-3759
전자우편 malang.pub@gmail.com
홈페이지 blog.naver.com/malangbooks
인스타그램 @malangbooks

ISBN 979-11-961365-4-3 (02810)

ⓒ 2022, 윤준가

: 본문 서체는 '강원교육모두'입니다.
: 이 책은 저작권법에 따라 보호를 받는 저작물이므로 무단 전재와 무단 복제를 금합니다.
: 이 책의 전부 또는 일부를 이용하려면 반드시 저작권자와 출판사의 서면 동의를 받아야 합니다.